覚えておきたい

「なるほど！

年代	2021年から数えて○○年前の出来事			
1350年前…			672年	壬《じん》申《しん》の乱
1320年前…	701年	大《たい》宝《ほう》律《りつ》令《りょう》の完成		
1310年前…			712年	古事記の完成
1280年前…	741年	国《こく》分《ぶん》寺《じ》・国《こく》分《ぶん》尼《に》寺《じ》建《こん》立《りゅう》の命令		
1270年前…			752年	大仏開《かい》眼《げん》の供《く》養《よう》（東大寺）
1120年前…	901年	菅《すが》原《わらの》道《みち》真《ざね》が大《だ》宰《ざい》府《ふ》に左《さ》遷《せん》		
970年前…	1051年	前《ぜん》九《く》年《ねん》合戦		
830年前…			1192年	源《みなもとの》 頼《より》朝《とも》が征《せい》夷《い》大《たい》将《しょう》軍《ぐん》に任命
800年前…	1221年	承久《じょうきゅう》の乱《らん》		
790年前…			1232年	御《ご》成《せい》敗《ばい》式《しき》目《もく》（貞《じょう》永《えい》式目）の制定
740年前…	1281年	弘《こう》安《あん》の役《えき》		
630年前…			1392年	南北朝の対立が終わる 朝《ちょう》鮮《せん》国の成立
450年前…	1571年	延《えん》暦《りゃく》寺《じ》焼きうち（織《お》田《だ》信《のぶ》長《なが》）		
440年前…			1582年	本能寺の変
430年前…			1592年	文《ぶん》禄《ろく》の役《えき》（～1593年）
410年前…			1612年	幕《ばく》領《りょう》（江《え》戸《ど》幕《ばく》府《ふ》の直《ちょっ》轄《かつ》領《りょう》）に禁教令
380年前…	1641年	オランダ商館が出《で》島《じま》に移転		
320年前…			1702年	「おくのほそ道」刊行（松《まつ》尾《お》芭《ば》蕉《しょう》）
300年前…	1721年	目《め》安《やす》箱《ばこ》の設置		
230年前…			1792年	ラクスマンが根《ね》室《むろ》に来航
180年前…	1841年	天《てん》保《ぽう》の改《かい》革《かく》が始まる	1842年	天《てん》保《ぽう》の薪《しん》水《すい》給《きゅう》与《よ》令
170年前…	1851年	初の万《ばん》国《こく》博《はく》覧《らん》会《かい》（ロンドン万《ばん》博《ぱく》）		
160年前…	1861年	南北戦争の勃《ぼっ》発《ぱつ》（アメリカ）	1862年	生《なま》麦《むぎ》事件
150年前…	1871年	廃《はい》藩《はん》置県 岩倉使節団の派《は》遣《けん》	1872年	日本初の鉄道開業（新橋～横浜間） 琉《りゅう》球《きゅう》藩《はん》の設置 富岡製糸場で生産開始
140年前…	1881年	国会開設の勅《ちょく》諭《ゆ》 自《じ》由《ゆう》党《とう》の結《けっ》党《とう》（板《いた》垣《がき》退《たい》助《すけ》）	1882年	立《りっ》憲《けん》改《かい》進《しん》党《とう》の結《けっ》党《とう》（大《おお》隈《くま》重《しげ》信《のぶ》） 日本銀行開業
130年前…	1891年	大《おお》津《つ》事件		
120年前…	1901年	八《や》幡《はた》製鉄所が操《そう》業《ぎょう》を開始 ノーベル賞の創《そう》設《せつ》	1902年	日英同《どう》盟《めい》の締《てい》結《けつ》
110年前…	1911年	関税自《じ》主《しゅ》権《けん》の完全回復		
100年前…			1922年	全国水平社の設立 ソビエト連邦建国
90年前…	1931年	満州事変の勃発（柳《りゅう》条《じょう》湖《こ》事件）	1932年	満州国成立 五・一五事件
80年前…	1941年	太平洋戦争の勃発	1942年	関門トンネル開通
70年前…	1951年	サンフランシスコ平和条約の締《てい》結《けつ》 日米安全保《ほ》障《しょう》条約の締結	1952年	日本の主《しゅ》権《けん》回復（連合国による占《せん》領《りょう》解《かい》除《じょ》）
60年前…	1961年	人類初の有人宇《う》宙《ちゅう》飛行（ソビエト連《れん》邦《ぽう》のガガーリン）	1962年	キューバ危《き》機《き》
50年前…	1971年	環《かん》境《きょう》庁《ちょう》（現・環境省）が発《ほっ》足《そく》	1972年	札《さっ》幌《ぽろ》オリンピック開《かい》催《さい》 沖縄が本土復帰 日中共同声明（中国との国交樹《じゅ》立《りつ》） 国連人間環境会議開催
30年前…	1991年	湾《わん》岸《がん》戦争勃発 ソビエト連邦崩《ほう》壊《かい》	1992年	「地球サミット」開催（リオデジャネイロ） PKO協力法成立
20年前…	2001年	中央省《しょう》庁《ちょう》再編 アメリカ同時多発テロ	2002年	サッカーワールドカップ日《にっ》韓《かん》大会開催 初の日朝首《しゅ》脳《のう》会談（これを受け拉《ら》致《ち》被《ひ》害《がい》者《しゃ》が一部帰国）
10年前	2011年	東日本大《だい》震《しん》災《さい》，福島第一原発事故 地上波アナログ放送が終《しゅう》了《りょう》（一部地《ち》域《いき》を除《のぞ》く）	2012年	東京スカイツリー開業 自《じ》民《みん》党《とう》が衆《しゅう》議《ぎ》院《いん》総選挙に勝利し、政《せい》権《けん》に復帰

コロナに負けないぞ

新型コロナウイルス感染症《かんせんしょう》（COVID-19《コビッド》）は2019年12月に中国の武漢で初の感染者が報告されて以来、短期間のうちに世界各地に広がりました。2021年8月には累計《るいけい》2億人の感染者が報告されています。

新型コロナウイルスの世界的な流行はわたしたちの暮《く》らしにも影響《えいきょう》を与《あた》え、今までは当たり前だったことが、感染拡大《かくだい》防止の観点から工夫《くふう》が求められるようになりました。

医療従事者《いりょうじゅうじしゃ》をはじめとしたエッセンシャルワーカー（暮らしを維持《いじ》するために必要不可欠な仕事に就《つ》く人々）の頑張《がんば》りや、不要不急の外出を避《さ》けたステイホームやテレワークに公共の場におけるマスク着用などの感染拡大防止への取り組みは、わたしたちの未来を守ります。ワクチン接種が少しずつ進む今、未来に向かって世界は再び歩もうとしています。

築地市場跡会場 接種リハーサル

都は4日、築地市場跡地（中央区）に開設する予定の新型コロナウイルスワクチンの大規模接種会場を報道陣に公開した。東京五輪・パラリンピック期間中は車両基地となることを生かし、市場跡地に停車した大型バスの車内で接種後の経過観察をするなどの工夫を凝らしている。

接種会場となるのは乗務員の食堂などに使われる建物で、間仕切りして設けた15か所のブースで看護師や歯科医師ら約50人が接種にあたる。この日、リハーサルを視察した小池知事は「いかに迅速に、確実に接種を進めるかが重要だ。時間との闘いになる」と語った。

市場跡地の会場では今月8～30日、警視庁や東京消防庁の職員や消防団員らを対象に、1日最大5000人程度に接種を行う予定だ。

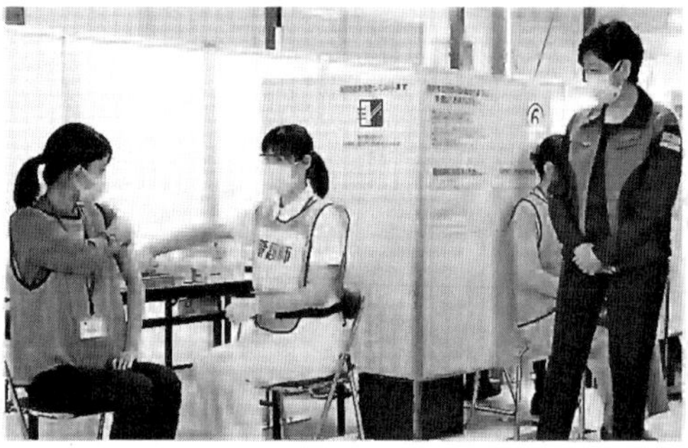

リハーサルの様子を視察する小池知事（右）（4日、中央区の築地市場跡地で）

（「読売新聞」2021年6月5日付）

新型コロナウイルスがもたらす分断を「団結」に

新型コロナウイルスやワクチンをめぐって様々な情報が飛びかっています。未知のウイルスをめぐる不安が交《こう》錯《さく》する今だからこそ、他者に対する思いやりについて考えたり、これまでの歴史に学んだりすることが重要です。

医療逼迫 深刻に

コロナ変異型

急な病状悪化 若年層も

変異した新型コロナウイルスの感染拡大で、病床の逼迫《ひっぱく》が危機的な状況に直面している。感染力が強いとされる英国型が猛威をふるい、大阪府では1日あたりの新規感染者数が1200人を突破。重症化までのスピードが速いため、重症病床が急速に埋まり、確保した病床を上回る事態になっている。英国型は全国に拡大し始めており、「第4波」への対応が急務だ。（大阪科学医療部　東礼奈、医療部　辻田秀樹、本文記事1面）

大阪市立十三市民病院には毎日、新型コロナウイルスに感染した患者が運び込まれてくる（12日、病院提供）

（「読売新聞」2021年4月16日付、写真提供：大阪市立十三《じゅうそう》市民病院）

若者接種 抽選に2200人

渋谷、列1キロ 競争率6倍

東京都が渋谷区に設置した若年層向けのワクチン接種会場には、開設2日目の28日も大勢が並び、この日から配布が始まった抽選券が2226人に配られた。

若者の列は一時、約1キロ離れた原宿駅近くまで到達。都は29日も抽選を続ける一方、予約制の都庁南北展望室や乃木坂の大規模接種会場も案内する。

都は予約なしで1日300人程度が接種を受けられる会場を、区立勤労福祉会館に開設。初日の27日は先着順としたために大勢が詰めかけ、抽選に変更した。

28日も多くの若者が並び、当選者は354人（倍率6倍）で、大半が接種を受けた。2回目も同会場で接種を受けられる。

3時間近く待って外れた豊島区のアルバイトさん(33)は「抽選でも予約でも接種にこぎつけるまでが大変。結局同じことではないか」と残念がった。当選した高校2年の女子生徒(17)は、部活動などが短縮されているといい、「少しでも普通の高校生活を送りたい」と話した。

新型コロナワクチン接種の抽選券を求めて長い列を作る若者ら（28日午前、東京都渋谷区で、本社ヘリから）＝竹田津敦史撮影

（「読売新聞」2021年8月29日付）

巻頭特集

2

オリンピック・パラリンピック

世界が注目！　東京2020
（東京オリンピック・パラリンピック）

新型コロナウイルス感染症《かんせんしょう》の影響《えいきょう》による１年間の延期《えんき》を経て、2021年7月23日から8月8日にかけ、東京2020オリンピックが開催《かいさい》されました。また、8月24日から9月5日にかけては主に身体障《しょう》がい者《しゃ》のアスリート（スポーツ選手）を対象とした東京2020パラリンピックが開催されました。新型コロナが流行するなか、大会は原則無観客での開催となりました。

大会の開催には、日本をはじめ世界中で賛否《さんぴ》の声があがりました。しかし、競技で全力を尽《つ》くす選手たちの頑張《がんば》りは新聞・テレビ・インターネットなどで連日報道され、多くの人々に勇気と感動を与《あた》えました。また、大会運営には多くのボランティアの方々が参加し、スムーズな大会運営に貢献《こうけん》しました。

左から順に、オリンピック開会式で入場行進する日本選手団（飯島啓太撮影）。オリンピックの開会を宣言される天皇陛下《へいか》（若杉和希撮影）。オリンピック開会式を前に東京上空を飛行するブルーインパルス。右は東京スカイツリー（いずれも「読売新聞」2021年7月24日付）

東京2020オリンピックにおける金メダル獲得《かくとく》数上位3か国

	金	銀	銅
1位 アメリカ	39	41	33
2位 中国	38	32	18
3位 日本	27	14	17

※日本のメダル獲得総数ランキングは5位

左から順に、オリンピック開会式で、ピクトグラムのパフォーマンス。聖火《せいか》台に点火した聖火リレー最終走者の大坂なおみさん。右上、無観客で行われたオリンピック開会式の客席のようす（若杉和希撮影）。右下、マスク姿《すがた》で入場行進するイタリア選手団。（いずれも「読売新聞」2021年7月24日付）

パラリンピック開会式で入場行進する日本選手団と、それを迎《むか》えるキャストの人々（「読売新聞」号外2021年8月24日付）

オリンピック開会式フィナーレの花火に彩《いろど》られた国立競技場（「読売新聞」2021年7月24日付）

オリンピック閉会式の最後に表示された「ARIGATO」の文字（「読売新聞」2021年8月9日付）

	オリンピック	パラリンピック
参加した国・地域《ちいき》	205及《およ》び難民《なんみん》選手団	161及び難民選手団
参加人数（選手）	約1万1000人	約4400人
競技・種目数	33競技　339種目	22競技　539種目

巻頭特集
3
近代オリンピック

近代オリンピックと日本

国際平和や社会の発展《はってん》などにスポーツを役立てようとする基本的な理念をオリンピズムといいます。原則として4年に1回開催《かいさい》されるオリンピックは、このオリンピズムに基《もと》づいて行われます。古代オリンピックは、古代ギリシャにおいて紀元前9世紀ごろから行われていました。古代オリンピックは宗教《しゅうきょう》行事として行われ、男子のみが参加し、「競走」「レスリング」「ボクシング」などが行われていました。開催期間中はギリシャ全土から競技者や観客が集まり、この間は戦争が行われていても休戦となりました。

「近代オリンピックの父」と称《しょう》されるフランスのクーベルタン男爵《だんしゃく》はオリンピックの復活を掲《かか》げるとともに、オリンピズムの理念に多くの国から賛同を得、1896年に第1回アテネ大会（ギリシャ）開催に導きました。第2回パリ大会（1900年・フランス）からは女子選手が出場するようになりました。

第5回ストックホルム大会（1912年・スウェーデン）において、日本は初めてオリンピックに参加しました。このとき、日本は金栗四三《かなくりしそう》・三島弥彦《やひこ》が陸上競技に出場しました。日本初のオリンピック参加には、「柔道《じゅうどう》」の父としても知られる嘉納治五郎《かのうじごろう》の尽力《じんりょく》がありました。

第9回アムステルダム大会（1928年・オランダ）において、陸上男子三《さん》段跳《だんと》びの織田幹雄《みきお》が日本人初の金メダルを獲得《かくとく》しました。また、この大会に出場し、陸上女子800メートルで銀メダルを獲得した人見絹枝《ひとみきぬえ》は日本人初となる女子選手であり、初の女子メダリストでした。

日本は第12回東京大会（1940年）の開催権《かいさいけん》を得ていましたが、日中戦争を理由に開催権を返上しました。また、第２次世界大戦後初となった第14回ロンドン大会（1948年・イギリス）は、敗戦国であることを理由に参加が認《みと》められませんでした。戦後復興が進んだ1964年、ついに第18回東京大会の開催が実現しました。

（左）幻《まぼろし》の1940年東京大会の五輪ポスター。（右）1964年東京大会で、聖火《せいか》台に点火する坂井義則さん。（「読売新聞」1964年10月10日付）

近代オリンピックの開催《かいさい》地

年	夏季オリンピック	冬季オリンピック	
1896年（明治29年）	第1回 アテネ（ギリシャ）		初の近代オリンピック大会
1900年（明治33年）	第2回 パリ（フランス）		万国博覧《はくらん》会の付属大会として開催
1904年（明治37年）	第3回 セントルイス（アメリカ）		万国博覧会の付属大会として開催
1908年（明治41年）	第4回 ロンドン（イギリス）		
1912年（明治45年）	第5回 ストックホルム（スウェーデン）		
1916年（大正5年）	第6回 ベルリン（ドイツ）※中止		第1次世界大戦のため中止
1920年（大正9年）	第7回 アントワープ（ベルギー）		
1924年（大正13年）	第8回 パリ（フランス）	第1回 シャモニー・モンブラン（フランス）	
1928年（昭和3年）	第9回 アムステルダム（オランダ）	第2回 サンモリッツ（スイス）	
1932年（昭和7年）	第10回 ロサンゼルス（アメリカ）	第3回 レークプラシッド（アメリカ）	
1936年（昭和11年）	第11回 ベルリン（ドイツ）	第4回 ガルミッシュ・パルテンキルヘン（ドイツ）	
1940年（昭和15年）	第12回 東京（日本）→ヘルシンキ（フィンランド）※中止	中止 札幌《さっぽろ》（日本）	夏季 当初は東京開催の予定が日中戦争によりヘルシンキに開催地を変更《へんこう》。しかし、第2次世界大戦の悪化で中止 冬季 第2次世界大戦で中止
1944年（昭和19年）	第13回 ロンドン（イギリス）※中止	中止 コルティナダンペッツォ（イタリア）	夏季 冬季 第2次世界大戦のため中止
1948年（昭和23年）	第14回 ロンドン（イギリス）	第5回 サンモリッツ（スイス）	
1952年（昭和27年）	第15回 ヘルシンキ（フィンランド）	第6回 オスロ（ノルウェー）	
1956年（昭和31年）	第16回 メルボルン（オーストラリア）	第7回 コルティナダンペッツォ（イタリア）	夏季 初の南半球開催
1960年（昭和35年）	第17回 ローマ（イタリア）	第8回 スコーバレー（アメリカ）	
1964年（昭和39年）	第18回 東京（日本）	第9回 インスブルック（オーストリア）	夏季 初のアジア開催
1968年（昭和43年）	第19回 メキシコシティ（メキシコ）	第10回 グルノーブル（フランス）	
1972年（昭和47年）	第20回 ミュンヘン（西ドイツ）	第11回 札幌（日本）	夏季 開催中にテロにより、イスラエル選手が殺害された
1976年（昭和51年）	第21回 モントリオール（カナダ）	第12回 インスブルック（オーストリア）	夏季 アフリカ諸国《しょこく》のほとんどが参加せず
1980年（昭和55年）	第22回 モスクワ（ソビエト連邦《れんぽう》）	第13回 レークプラシッド（アメリカ）	夏季 西側諸国のほとんどが参加せず
1984年（昭和59年）	第23回 ロサンゼルス（アメリカ）	第14回 サラエボ（ユーゴスラビア）	夏季 東側諸国のほとんどが参加せず
1988年（昭和63年）	第24回 ソウル（韓国《かんこく》）	第15回 カルガリー（カナダ）	夏季 北朝鮮《ちょうせん》は参加せず
1992年（平成4年）	第25回 バルセロナ（スペイン）	第16回 アルベールビル（フランス）	
1994年（平成6年）		第17回 リレハンメル（ノルウェー）	夏季とずらし、前回から2年後に開催
1996年（平成8年）	第26回 アトランタ（アメリカ）		
1998年（平成10年）		第18回 長野（日本）	
2000年（平成12年）	第27回 シドニー（オーストラリア）		
2002年（平成14年）		第19回 ソルトレークシティ（アメリカ）	
2004年（平成16年）	第28回 アテネ（ギリシャ）		
2006年（平成18年）		第20回 トリノ（イタリア）	
2008年（平成20年）	第29回 北京《ペキン》（中国）		
2010年（平成22年）		第21回 バンクーバー（カナダ）	
2012年（平成24年）	第30回 ロンドン（イギリス）		
2014年（平成26年）		第22回 ソチ（ロシア）	
2016年（平成28年）	第31回 リオデジャネイロ（ブラジル）		
2018年（平成30年）		第23回 平昌《ピョンチャン》（韓国）	
2021年（令和3年）	第32回 東京（日本）		当初2020年の予定だったが、新型コロナウイルス感染症流行の影響《えいきょう》により1年延期《えんき》しての開催となった
2022年（令和4年）		第24回 北京《ペキン》（中国）	予定
2024年（令和6年）	第33回 パリ（フランス）		予定
2026年（令和8年）		第25回 ミラノ／コルティナダンペッツォ（イタリア）	予定
2028年（令和10年）	第34回 ロサンゼルス（アメリカ）		予定
2032年（令和14年）	第35回 ブリスベン（オーストラリア）		予定

はじめに

受験生の皆《みな》さんへ

皆《みな》さんは、この2年近くをコロナ禍《か》の中で過ごしてきました。できるかぎり早く、この状況《じょうきょう》の終息が訪《おとず》れること、それは全人類共通の願いになっています。

わたしたち人類は、「戦争の世紀」とたとえられることがある20世紀を知っています。それぞれの国や地域《ちいき》、人種や宗教《しゅうきょう》などの対立が日々報道され、人類が共通の目標に向かって動くようになることは、非現実的な妄想《もうそう》とさえ思える時代でした。ところが21世紀に入って約20年、わたしたち人類は共通の目標に向かって行動するという場面に立ち会っています。1つ目は「ＳＤＧｓ《エスディージーズ》」の広がりです。「持続可能な開発目標」という17の目標とそれを達成するための169のターゲットは人類のだれ一人《ひとり》としてかかわらない人はいない課題です。これは年齢《ねんれい》も性別も関係ありませんから、小学生のみなさんも他人のふりをして無視《むし》することはできないし、一人一人が日常生活の中で少しの知識と意識を持つだけでも、達成できるものです。もう1つが「新型コロナ」の問題です。これは、早急に克服《こくふく》しなければならない課題であるものの、いまだ出口は見えていません。

しかし、皆さんは知っているのです。これまで人類は、数限りないほどの危機《きき》や困難《こんなん》を乗り越《こ》えてきた歴史を。そして、その後に訪れた世界の様子を。未来を予測し、より良い未来に向かって行動するときの指針《ししん》となる歴史の知識と、最新の“歴史”である“時事問題”を知ることで、「アフターコロナ」という人類のだれもが経験したことのない新たな世界にも恐《おそ》れることなく、進んでいくことができるはずです。そんな未来の主役である皆さんの役に立つものを、と思ってつくったのが本書です。

浜学園　教科指導部　社会科主管　**松本 茂**

保護者の皆さまへ

「即読力」という言葉、ご存じですか。ちょっと聞き慣れないこの言葉、実は私たちがいま最も重視している、まったく新しい読解力の形なのです。

教育現場ではこれまで、物語などの文学的な文章をじっくりと深く読み込む力を重視してきました。しかし、膨大な情報があふれる現代社会を生き抜く上で、これだけでは不十分です。

初めて目にする文書でも、即座に理解できる力が必要です。たとえて言うなら、耳にしたことがない楽曲でも楽譜を見ただけで、即座に演奏できるのと同じこと。書かれていることの核心を短時間に、正確に捉える能力。深くて、かつ速い。それが「即読力」なのです。

その訓練に最適なのが新聞です。インターネットとは異なり、スペースに制約がある紙面の中で、新聞は日々のニュースをコンパクトに収録しています。要点を押さえた「見出し」、内容を簡潔にまとめた「前文（第一段落）」。新聞には、記事の大意がわかるような工夫がたくさん盛り込まれており、説明文として非常に優れています。

新聞記事を読むことに慣れれば、間違いなく「即読力」が身につきます。1日5分程度で十分。新聞を手に取ってページをめくるだけで、社会的素養だけでなく、高度な読解力が身につくのです。読売新聞は、小学生向けの「読売KODOMO新聞」、中高校生対象の「読売中高生新聞」も用意しています。新聞でぜひ「即読力」を身につけてください。

読売新聞教育ネットワーク事務局長　**吉池 亮**

CONTENTS

目次

※新聞記事の再掲載にあたり、
写真やレイアウトの一部を
変更している場合があります。

※表紙の新聞記事
2021年7月23日付　号外1面
「東京五輪開幕」
2021年10月5日付　朝刊1面
「岸田内閣 発足」

「入試に勝つ新聞記事2022」の使い方

入試に勝つ力をつけるため、新聞記事や解説をくり返し読むことが大切です。
問題を解いてから読み直すことで、新たな発見があるかもしれません。

1 理解を深める

新聞記事やその解説などをしっかりと読み、知識を広げ、考えを深めましょう。

❶ 各章の扉《とびら》ページにある「時事カレンダー」を読む

どんな出来事があったかを確認《かくにん》しましょう。
できれば、その出来事についてみなさんが知っていることを思い出してみましょう。

❷ 新聞記事と解説のページの使い方

A 新聞記事を読む

⇒新聞記事の文章は少し難《むずか》しいかもしれませんが、まずは新聞記事についている大きな「見出し」を確認して、そこに書かれていることと照らし合わせながら読み進めるとよいでしょう。「CHECK」欄《らん》は、その新聞記事を通じて、とくに知っておいてほしいこと・考えてみてほしいことをピックアップしています。

B 「記事のポイント」を読む

⇒新聞記事の文章と比べると、やさしい文章が載《の》っていますので、
新聞記事の文章が難しいと感じた人はまずこちらを読んで、新聞記事の文章と読み比べてみましょう。

C 「ここも勉強しよう!」を読む

⇒新聞記事の時事的な出来事に関連した、入試問題で出題されそうなことがらを掲載《けいさい》しています。

❸ 「この記事もチェックしておこう!」を読む

❷と同じように読み、理解を深めましょう。

❹ 「資料でみる」を読む

各章の出来事を理解するための関連事項《じこう》が載っています。

2 入試に勝つ力をつける

1 を通じて身につけた力を発揮《はっき》する練習問題に取り組みましょう。

❶ 「一問一答にチャレンジ」を解く

「時事カレンダー」「新聞記事と解説のページ」「この記事もチェックしておこう!」を中心に出題しています。
答えを覚えるだけでなく、わからなかった問題の答えをすばやく探《さが》し、調べることも重要です。

❷ 「入試予想問題」を解く

時事問題を題材とした総合問題です。6年生のみなさんは時間を計って解きましょう。
5年生以下のみなさんにとっては難しい問題が多いですが、ぜひチャレンジしてみましょう。

❸ 「適性検査・表現型問題」を解く

主に公立中高一貫《いっかん》校などで実施《じっし》される適性検査型問題を意識したものです。
適性検査型問題が出題される学校を志望する人はこちらも解いておきましょう。

❹ 「一問一答カード」（付録）を活用

「一問一答にチャレンジ」をいつでも携帯《けいたい》して問題に取り組めるよう、単語カードにしました。
「一問一答カード」 にのみ収録《しゅうろく》された問題もあります。

第1章

新型コロナウイルスと社会

新型コロナワクチンの普及《ふきゅう》と変異株《へんいかぶ》

政府・地方自治体のコロナ対応

コロナ禍《か》の暮《く》らしと経済《けいざい》

コロナ禍の東京オリンピック・パラリンピック

時事カレンダー2021

時期	主な出来事
2019年12月	中国・武漢で原因不明の肺炎患者《はいえんかんじゃ》が見つかる
2020年1月	肺炎の原因が「新型コロナウイルス」と判明
	新型コロナウイルスの感染《かんせん》者を日本で初めて確認《かくにん》
3月	WHOが新型コロナウイルスの流行をパンデミック（世界的流行）に認定《にんてい》
	改正新型インフルエンザ対策特別《とくべつ》措置《そち》法が成立（緊急《きんきゅう》事態宣言《せんげん》の発出が可能に）
4月	日本政府による初の緊急事態宣言が初めて発令
12月	イギリスで世界初の新型コロナウイルスのワクチン接種が始まる
2021年1月	世界の新型コロナウイルス感染者が1億人を突破《とっぱ》
2月	改正特措法が成立（まん延《えん》防止等重点措置《そち》の発出が可能に、行政の権限《けんげん》強化）
	日本で新型コロナウイルスのワクチン接種開始
7月	ワクチンパスポートの発行開始
	東京オリンピックが開幕《かいまく》
8月	世界の新型コロナウイルス感染者が2億人を突破
	日本の新型コロナウイルス感染者が100万人を突破
	東京パラリンピックが開幕

新型コロナワクチンの普《ふ》及《きゅう》と変《へん》異《い》株《かぶ》

WHOの旗とテドロス事務局長

（ロイター）

「コロナ」とは？

コロナウイルスの表面には「スパイク」とよばれる突起《とっき》がある。それが王冠《おうかん》のように見えることから、ラテン語で「王冠」を意味する「コロナ」の語が使われた。

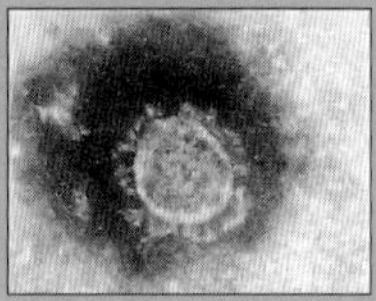

（写真提供:国立感染症研究所）

英の行動規制 全面解除

接種7割 水際対策は継続

【ロンドン＝池田慶太】英国のロンドンを含むイングランド全域で19日、新型コロナウイルス感染対策として導入されたほぼ全ての規制が解除された。インド型（デルタ型）による深刻な感染再拡大の中でも、英政府は❶ワクチン効果で死亡や重症化を抑え込めるとして規制解除に踏み切った。

1月に開始したロックダウン（都市封鎖）は3月以降、段階的に緩和され、今回、公共交通機関でのマスク着用義務や対人距離の制限などが解除となり、19日未明にナイトクラブの営業も始まった。入国制限などの水際対策は継続される。

英国では、1日の新規感染者が1月以来となる5万人前後に達している。17日にはサジド・ジャビド保健相の感染が判明し、会議に同席していたジョンソン首相らも濃厚接触者として自主隔離に入っている。規制撤廃には市民の不安も強く、ロンドン市が市営のバスや地下鉄でのマスク着用を引き続き義務化するなど、国と異なる対応も出ている。

一方で、英国の全成人の7割近くがワクチン接種を完了し、死者は40～60人に抑え込まれている。政府としては、ワクチンの効果を根拠に英国の人口の約8割が集中するイングランドで社会活動の正常化を進め、経済立て直しにつなげる考えだ。〈関連記事国際面〉

（「読売新聞」2021年7月20日付）

CHECK

イギリスの首都ロンドンでは国と異《こと》なる対応をとるなど、規制の導入と撤廃《てっぱい》については様々な反応がある。

重要語句

❶ワクチン

感染症《かんせんしょう》の予防に用いられる医薬品のこと。病原体を弱毒化・無毒化させたり、その遺伝情報を使ってつくられたもので、接種すると免疫《めんえき》ができる。

❷パンデミック

感染症の世界的流行を表す言葉。

❸RNA（リボ核酸《かくさん》）

DNA（デオキシリボ核酸）からの指示をもとに、タンパク質をつくる働きをする。二重らせん構造のDNAとは異なり、1本からなるRNAは不安定で、変異が起こりやすい。

❹WHO（世界保健機関）

保健分野における研究の促進《そくしん》や指導、感染症の撲滅《ぼくめつ》に向けた活動などを行う国際連合の専門《せんもん》機関。WHOのロゴは、国際連合のシンボルマークの上に、ギリシャ神話の「治療の神」アスクレピオスが持っていたとされる蛇《へび》が巻《ま》きついた杖《つえ》（上記、WHOの旗の写真参照）。

記事のポイント

新型コロナウイルスのワクチン接種が進む

新型コロナウイルス感染症（COVID《コビッド》－19）は、2019年12月以来、短期間のうちに世界各地に広がり、[2]パンデミックが発生しました。この感染症に世界は大きな影響《えいきょう》を受け、感染拡大《かくだい》防止の観点から経済《けいざい》活動は一時停止され、各国の経済に多大な影響が出ました。

一方、新型コロナウイルス感染症の原因となるコロナウイルス（SARS《サーズ》コロナウイルス2）への免疫を獲得《かくとく》するため、いくつかの国の企業《きぎょう》や研究機関などで[1]ワクチン開発が進められました。臨床《りんしょう》試験を経て、2020年12月に世界で初めてイギリスにおいてmRNA（メッセンジャーRNA）ワクチンの使用が認可《にんか》されました。各国で製造されたコロナワクチンは日本を含《ふく》む世界各地に運ばれて、日本では医療《いりょう》従事者《じゅうじしゃ》を皮切りに2021年2月に初めて接種が行われ、以降《いこう》、持病のある人や高齢者《こうれいしゃ》がワクチン接種の優先《ゆうせん》対象となりました。他の先進国と比べ、日本ではワクチン接種が当初は遅れていたものの、急速に接種が進んでいます。

各地で猛威《もうい》をふるう強力な変異株

コロナウイルスは変異が起こりやすい[3]RNAに分類され、各地でより強力に変異したもの（変異株）が報告されています。変異株のなかにはコロナワクチンが効きにくいものもあるとされ、コロナをめぐる情勢は一進一退《いっしんいったい》をくり返しています。

なお、変異株は当初、初めて報告された地域名《ちいきめい》でよばれていましたが、風評被害《ひがい》などの問題から[4]WHOはギリシャ文字をつけてよぶよう求めるようになりました（例：インドで初めて発見された変異株は「デルタ型」とよぶ）。ワクチン接種が進んだイギリスやアメリカでは、条件つきながら屋外でのマスク着用や商業施設《しせつ》の休業といった制限が徐々に解除《かいじょ》され、人々は日常を取《と》り戻《もど》しつつありました。しかし、これらの国々でも強力な変異株が広がり、再び制限が課せられた事例もみられます。

ここも勉強しよう！

ワクチンの歴史

ワクチンの語源《ごげん》はラテン語のVacca《バッカ》（雌牛《めうし》）です。これは、世界初のワクチンが雌牛からとられたことに由来します。

かつて世界中で何度も猛威《もうい》をふるった天然痘《てんねんとう》は、一度かかると免疫を獲得し、以後感染しませんでした。18世紀末、イギリスのエドワード・ジェンナーは、牛痘《ぎゅうとう》という病気に感染した女性の膿《うみ》を少年に接種した後、天然痘の膿を接種しましたが天然痘に感染しませんでした。このことから、初のワクチンである天然痘ワクチンがつくられるようになりました。

なお、天然痘は1980年にWHOによって撲滅《ぼくめつ》が宣言《せんげん》されました。

コロナとヘイトクライム（憎悪《ぞうお》犯罪）

未知のウイルスと感染症に対し、様々な憶測《おくそく》が飛《と》び交《か》いました。そのようななか、新型コロナウイルスが世界で初めて流行した場所が中国・武漢であったことなどから、アメリカやヨーロッパでは中国などアジアにルーツがあるアジア系《けい》住民に対する理不尽《りふじん》な嫌《いや》がらせ・暴力行為《こうい》などが目立つようになりました。このような特定の人種や民族に対する憎しみから起こる犯罪行為をヘイトクライムといいます。新型コロナウイルス対応に世界がゆれるなか、人々には冷静な対応が求められます。

政府・地方自治体のコロナ対応

「三密《さんみつ》（3つの密）」

新型コロナウイルスの感染拡大《かんせんかくだい》防止のために避《さ》けるべき3つの状況《じょうきょう》。密集《みっしゅう》・密接《みっせつ》・密閉《みっぺい》を指す。2020年に小池百合子《ゆりこ》・東京都知事が記者会見で「密です」と発言したことから広く浸透《しんとう》した。

特措法改正案きょう成立へ ❶

新型コロナウイルス対策を強化する新型インフルエンザ対策特別措置法などの改正案は2日の参院本会議で審議入りし、参院内閣委員会で参考人質疑が行われた。3日の参院内閣、厚生労働両委員会の連合審査を経て、同日中に参院本会議に緊急上程し、可決・成立する見通しだ。

参院で審議入りした改正案は、特措法のほか、感染症法と検疫法の3本。休業や営業時間短縮の命令に応じない事業者や、入院を拒否した感染者に対して過料❷を科すことが柱だ。緊急事態宣言の前段階で予防策を講じる「まん延防止等重点措置」も新設する。

菅首相は参院本会議で、重点措置について「個人の自由と権利に十分配慮し、運用する。あらかじめ学識経験者の意見を聞いたうえで行い、国会に速やかな報告をする」と強調した。

改正案は、自民、立憲民主両党の国会審議前の協議を踏まえて罰則を緩和するなど修正され、1日の衆院本会議で可決された。

（「読売新聞」2021年2月3日付）

CHECK
日本国憲法《けんぽう》で保障《ほしょう》されている基本的人権について確認しよう。

CHECK
都道府県知事の権限《けんげん》を確認《かくにん》しよう。

緊急事態宣言で都道府県知事が実施できるようになる主な措置

- 不要不急の外出自粛を要請
- 学校や映画館、スポーツ施設などの使用の制限や停止を要請
  ▼
  応じない場合は停止などを指示
- 土地や建物の所有者の同意を得て、臨時の医療施設を開設
  ▼
  応じない場合は同意を得なくても使用できる
- 医薬品や食品などの業者に売り渡しを要請
  ▼
  応じない場合は収用できる

（「読売新聞」2020年3月14日付）

重要語句

❶改正新型インフルエンザ対策《たいさく》特別措置法《そちほう》

2009年に流行した新型インフルエンザをふまえ、2012年に民主党《とう》政権下で成立した新型インフルエンザ特措法の対象を新型コロナウイルスにも拡大《かくだい》したもの。この法律《ほうりつ》により、新型コロナウイルスの感染拡大に対しても緊急《きんきゅう》事態宣言《せんげん》の発令が可能になった。

❷過料《かりょう》

国や地方自治体が、行政上の義務違反《いはん》を犯《おか》した者に対して科す少額の金銭罰《きんせんばつ》。犯罪行《こう》為《い》に対して科される「科料《かりょう》」とは違《ちが》い、前科がつくことはない。

❸都市封鎖《ふうさ》（ロックダウン）

新型コロナウイルスの感染拡大を防ぐために中国や欧米《おうべい》などで実施《じっし》された、住民の外出や移動を制限する措置。

❹副反応

ワクチン接種後に起きる、期待されたものとは異《こと》なる有害な影響《えいきょう》。治療《ちりょう》に使う薬で起きる同様の症状《しょうじょう》は「副作用」とよばれる。

❺公衆《こうしゅう》衛生

社会保険・公的扶助《ふじょ》（生活保護など）・社会福祉《ふくし》と並《なら》ぶ社会保障《ほしょう》制度の柱の1つ。保健所などが中心となって地域《ちいき》の人々の健康を守るための活動を行う。

PCR（ポリメラーゼ連鎖《れんさ》反応）検査

新型コロナウイルスの感染を調べる代表的な検査。鼻や咽頭《いんとう》をぬぐって（唾液《だえき》の場合も）検体をとり、ウイルスを特徴《とくちょう》づける遺伝子《いでんし》配列を調べる。抗原《こうげん》検査（ウイルスを特徴づけるタンパク質を調べる）と比べて少量のウイルスでも検出できるが、検査結果が出るまでやや時間がかかる。

記事のポイント

「緊急事態宣言」と「まん延《えん》防止措置」

2020年3月、新型コロナウイルスの日本国内における感染拡大にそなえ、❶**改正新型インフルエンザ対策特別措置法**が成立しました。これにより、新型コロナウイルスの感染拡大が進んだ場合、内閣《ないかく》総理大臣は緊急事態宣言を出すことが可能となりました。

緊急事態宣言が出された地域《ちいき》では、都道府県知事は住民に対して外出自粛《じしゅく》を要請《ようせい》したり、観光施設《しせつ》や商業施設などに対して営業自粛を要請したりすることができます。医薬品や食料品を強制的に取得したり、臨時《りんじ》の医療《いりょう》施設を開設するために土地や建物を使用したりすることもできます。

2021年2月には再び法改正が行われ、「まん延防止等重点措置」が導入されました。これは緊急事態宣言の前段階《ぜんだんかい》と位置づけられているもので、都道府県内の市区町村単位など限定区域を対象に措置を実施することができます。この措置の導入により、特定の事業者に対して営業時間の短縮《たんしゅく》要請などが可能となりました。事業者の命令違反に対しては20万円以下の❷**過料**が科されます。また、緊急事態宣言に基《もと》づく営業自粛や停止などの協力要請に従《したが》わない事業者に対する「指示」を「命令」に格上げし、命令違反に対しては30万円以下の過料が科されます。

日本では、自粛は強制ではなく「要請」

日本国憲法には基本的人権《じんけん》の尊重《そんちょう》が明記されていて、公共の福祉に反しない限り、基本的人権が制限されることはありません。日本における外出自粛要請や休業要請は「強いお願い」であるため、従わなくても刑罰《けいばつ》が科されることはありません。一方、中国やヨーロッパ・アメリカの主要都市などでは厳重《げんじゅう》な❸**都市封鎖《ふうさ》**が行われました。このような地域で許可なく外出した場合、罰金《ばっきん》をとられたり、逮捕《たいほ》されたりする事例もみられました。

ここも勉強しよう！

日本でも進むワクチン接種

病原体の毒性を弱毒化あるいは無毒化したワクチンを接種することで、わたしたちの体は病原体に対する免疫《めんえき》をつけることができます。

これにより、感染症の発症《はっしょう》や重症化を予防することができ、医療機関の負担《ふたん》を軽減することが期待されます。2021年2月から医療従事者《じゅうじしゃ》や高齢者《こうれいしゃ》などの優先《ゆうせん》接種が始まり、2021年11月頃《ごろ》には希望するすべての対象者への接種を終えることを目指しています。

接種後には筋肉痛《きんにくつう》、頭痛《ずつう》、倦怠感《けんたいかん》、アレルギー症状などの❹**副反応**が報告されています。副反応に対応する専門的《せんもんてき》な医療機関を各都道府県に確保することで、ワクチン接種希望者がスムーズに接種できるようにしています。

なお、様々な理由でワクチン接種を望まない人もいます。そのような人々が差別の対象にならないようにしなければなりません。

感染症対策を担《にな》う保健所

保健所は地域住民の健康を守るための❺**公衆衛生**に関する業務を行う公的機関です。発熱・せきなどの症状のある人など、新型コロナウイルスの感染が疑《うたが》わしい場合は、保健所による「新型コロナウイルス受診《じゅしん》・相談センター」に連絡《れんらく》し、指示を仰《あお》ぎます。また、保健所は自宅《じたく》療養者への連絡や医療機関との入院患者《かんじゃ》調整などを行います。

コロナ禍《か》の暮《く》らしと経《けい》済《ざい》

ワクチン証明書 運用指針

非接種者を差別 回避

政府は、海外渡航者の利便性向上のために導入準備を進めている新型コロナウイルスのワクチン接種証明書◎について、国内の商業施設などでの利用を想定した運用指針を作成する方針を固めた。運用指針を周知徹底することで、接種証明書を持たない人への差別につながらないような利用を求めたい考えだ。

商業施設 想定 政府方針

運用指針では、証明書の提示で、飲食代金やサービス料金を割り引くなど、利益につながる利用は推奨するが、証明書がなければイベント参加や、就職、入学を拒否するなど、不利益につながる利用は避けるよう呼びかける方向だ。

海外では、接種証明書があれば、入国後の待機期間の短縮や免除を認める国もあることから、政府は、日本人らが円滑に海外渡航できるよう導入を決めた。欧州連合❶（EU）では7月から、ワクチンパスポートの本格運用が始まり、ワクチン接種者に域内の移動が認められている。

ただ、政府は、様々な理由でワクチン接種を望まない人もいることから、国内の商業施設などでの接種証明書の利用は不当な差別につながりかねないと消極的だった。

しかし、長引くコロナ禍で飲食店などが疲弊する中、経済界からは接種証明書の国内利用を求める声が上がっていた。経団連は6月、接種証明書の活用によって、ワクチン接種者に対し、飲食店の利用促進や、国内移動・旅行などの制限緩和をし、「自粛などによって萎縮《いしゅく》した地域経済や各業界の活性化が期待される」などとする提言を政府に提出した。

こうした意見に加え、商業施設や飲食店が独自に証明書を使うことを一律に禁止するのも困難なため、政府は国内利用を容認する方向にかじを切った。

海外渡航者向けの接種証明書は26日から全国の市区町村で申請を受け付ける予定だ。希望者は申請書やパスポート、接種済み証などを市区町村に提示するか郵送し、国の「ワクチン接種記録システム（VRS）」で接種履歴を確認できれば、証明書が交付される。手数料は無料とする方向だ。当面は書面で交付するが、政府は電子申請や、電子証明書の発行も検討している。

ワクチン接種証明書の申請手続き

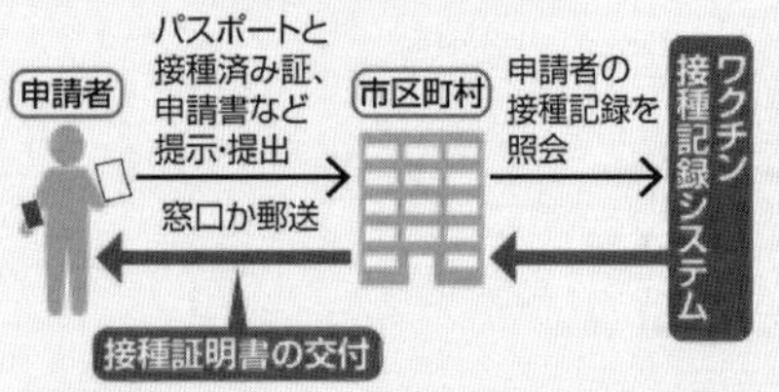

◎ワクチン接種証明書　氏名や生年月日、国籍、旅券番号、接種日、接種したワクチンの種類やメーカーなどが記載され、ワクチンパスポートとも呼ばれる。

（「読売新聞」2021年7月10日付）

実質GDP成長率の推移

※2020年度までは実績、21年度以降は政府見通し

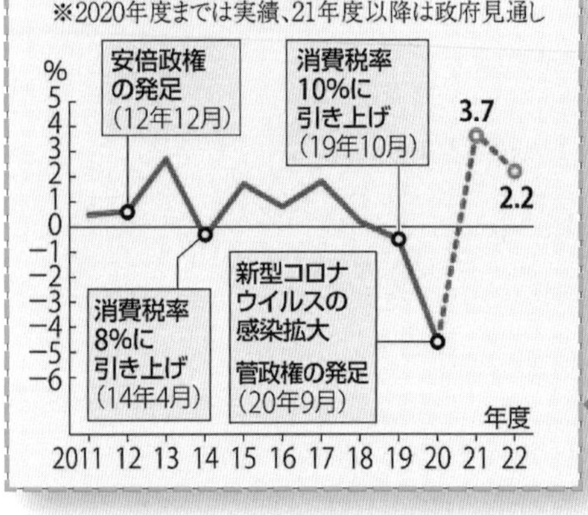

（「読売新聞」2021年7月7日付）

CHECK

2020年度は❷GDPが大きく落《お》ちこんでいる。

重要語句

❶欧州《おうしゅう》連合

ヨーロッパ連合、EUとも。政治・経済の統合を目指し、域内《いきない》の移動の自由や通貨の統一（ユーロ）などを行っている。2020年にイギリスが離脱《りだつ》し、現在の加盟国《かめいこく》は27か国。

❷GDP（国内総生産）

国の経済力の指標として使用される。日本のGDPはアメリカ・中国に次いで世界第3位。

❸リーマン・ショック

2008年にアメリカの投資銀行リーマン・ブラザーズが破綻《はたん》したことをきっかけに発生した世界的な不景気。日本では円高が進み、輸出産業を中心として経済に大きなダメージを負った。

CHECK

ワクチンパスポート（ワクチン接種証明書）

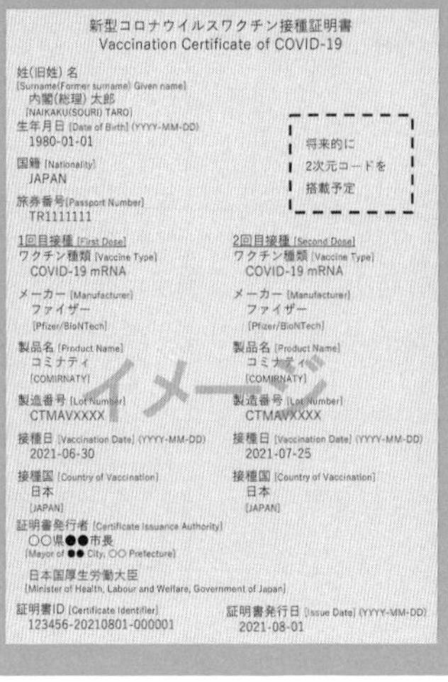

新型コロナウイルスワクチン接種証明書
Vaccination Certificate of COVID-19

姓(旧姓) 名 [Surname(Former surname) Given name]
内閣(総理) 太郎
[NAIKAKU(SOURI) TARO]

生年月日 [Date of Birth] (YYYY-MM-DD)
1980-01-01

国籍 [Nationality]
JAPAN

旅券番号 [Passport Number]
TR1111111

将来的に
2次元コードを
搭載予定

1回目接種 [First Dose]	2回目接種 [Second Dose]
ワクチン種類 [Vaccine Type] COVID-19 mRNA	ワクチン種類 [Vaccine Type] COVID-19 mRNA
メーカー [Manufacturer] ファイザー [Pfizer/BioNTech]	メーカー [Manufacturer] ファイザー [Pfizer/BioNTech]
製品名 [Product Name] コミナティ [COMIRNATY]	製品名 [Product Name] コミナティ [COMIRNATY]
製造番号 [Lot Number] CTMAVXXXX	製造番号 [Lot Number] CTMAVXXXX
接種日 [Vaccination Date] (YYYY-MM-DD) 2021-06-30	接種日 [Vaccination Date] (YYYY-MM-DD) 2021-07-25
接種国 [Country of Vaccination] 日本 [JAPAN]	接種国 [Country of Vaccination] 日本 [JAPAN]

証明書発行者 [Certificate Issuance Authority]
○○県●●市長
[Mayor of ●● City, ○○ Prefecture]
日本国厚生労働大臣
[Minister of Health, Labour and Welfare, Government of Japan]

証明書ID [Certificate Identifier]
123456-20210801-000001

証明書発行日 [Issue Date] (YYYY-MM-DD)
2021-08-01

イメージ

記事のポイント

コロナによる経済の落ちこみ

2020年は新型コロナウイルスの影響《えいきょう》により、世界全体で経済の落ちこみがみられました。IMF（国際通貨基金）によると、2020年の世界の経済成長率（実質❷GDP）はマイナス3.5%となり、❸リーマン・ショックの影響を受けた2009年以来のマイナス成長となりました。

日本経済も2020年前半に輸出や個人消費が大《おお》幅《はば》に落ちこんだ影響で、経済成長率はマイナス4.8%になりました。

2020年後半から経済はゆるやかに回復し、業績が大きく回復した企業《きぎょう》がみられる一方で、**旅行業や飲食業、イベント業などは行動自粛《じしゅく》の影響もあって景気の低迷状況《ていめいじょうきょう》が続いています。このように、経済が回復して業績を伸ばす業種と回復せずに落ちこみが拡大《かくだい》する業種に二極化される様子を「K字回復」といいます。**

ワクチンパスポートへの期待と問題点

ワクチンパスポート（ワクチン接種証明書）は新型コロナウイルスのワクチンを接種したことを証明するものです。

ワクチンパスポートを提示すると、海外渡航《とこう》の際に検査・隔離《かくり》が免除《めんじょ》されたり、飲食店などで料金が割引《わりびき》されたりするなどの特典があり、利用の促進による景気回復が期待されています。

一方で、ワクチンを接種していない人に対する不利益につながるのではないかとする声もあります。

フランスでは、レストランや飛行機などを利用する際に、ワクチンパスポートか新型コロナウイルスの陰性《いんせい》証明書の提示を義務化したので、ワクチンを接種しないと日常生活を送ることが難《むずか》しくなりました。

ここも勉強しよう！

政府の経済政策と「Go《ゴー》 To《トゥ》キャンペーン」

日本のGDPは個人消費が半分以上を占《し》めており、経済の回復には個人消費を喚起《かんき》することが必要不可欠です。政府は2020年より「Go Toキャンペーン」と題した消費喚起政策を行ってきました。

「Go Toキャンペーン」には「トラベル」「イート」「イベント」「商店街」があり、旅行業や飲食業など新型コロナウイルスで大きな影響を受けた業界を支援《しえん》するものです。「トラベル」はいったん停止をしたものの、ワクチンパスポートなどの提示を義務付けての再開が検討《けんとう》されています。

コロナ禍とわたしたちの生活

コロナ禍における飲食店の利用自粛《じしゅく》やインターネットを利用した在宅勤務《ざいたくきんむ》（テレワーク）が行われたことで、とくに深夜帯の電車・バスなどの公共交通機関の利用者が大きく減っています。

利用者の減少や夜間の保守点検や工事の時間を確保することなどを理由に、首都圏《けん》のJRや私鉄《してつ》各社などは、終電時間のくり上げを行いました。

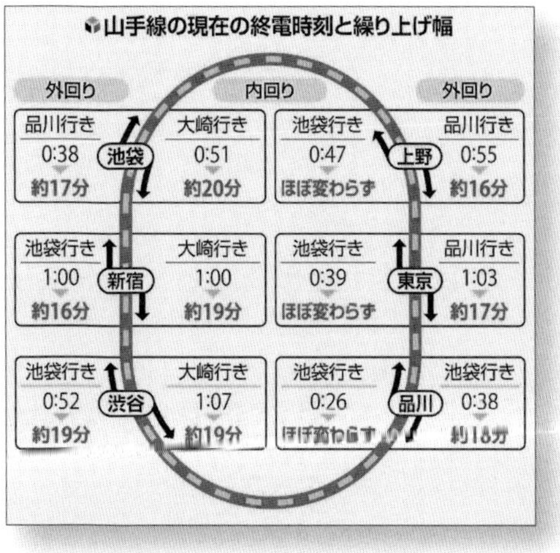

（「読売新聞」2020年10月22日付）

コロナ禍《か》の東京オリンピック・パラリンピック

東京五輪閉幕

コロナ禍 延期・無観客

メダル最多58個

新型コロナウイルスの影響で史上初の1年延期となった第32回夏季五輪東京大会は8日、閉幕した。17日間の会期を締めくくった閉会式は東京・国立競技場で行われ、五輪旗は東京都の小池百合子知事から国際オリンピック委員会（IOC）のトーマス・バッハ会長を経て次回2024年大会を開くパリのアンヌ・イダルゴ市長に引き継がれた。第16回夏季パラリンピック東京大会は8月24日に開幕する。

バッハ会長は「パンデミック（世界的大流行）が始まって以来、初めて全世界が一つになった」と述べ、閉会宣言。選手らが見守る中、聖火台の火が消えた。

大会最終日の競技では、バスケットボール女子の日本が決勝で米国に敗れて銀メダル。自転車トラック女子オムニアムでは梶《かじ》原《はら》悠未(24)(筑波大大学院)が銀を獲得した。陸上男子マラソンの大迫傑《すぐる》(30)（ナイキ）は6位入賞を果たした。

今大会は、205か国・地域と難民選手団から約1万1000人の選手が参加し、史上最多の33競技339種目で力と技を競った。北朝鮮は不参加。日本選手は過去最多の583人で、獲得した金メダル27個、そのうち女子種目は14個でいずれも歴代最多。銀14個と銅17個を加えた総数58個も、夏冬を通じて日本の最多記録となった。国・地域別では、米国が金39個、総数113個でともに1位。日本は金が38個の中国に次ぐ3位、総数では5位だった。

一方、大会は東京都などに緊急事態宣言が発令される中で開催され、42会場のうち宮城、茨城、静岡3県を除く37会場が、感染防止のため無観客となった。

東京五輪・パラリンピック大会組織委員会は選手ら参加者向けの感染対策指針「プレーブック」①を策定し、毎日の検査や外出自粛などを求めた。観光したジョージア選手が指針違反で参加資格を剝奪《はくだつ》されるなど、トラブルもあった。

組織委は8日、新たに大会関係者26人が検査で陽性判定を受けたと発表。7月1日の公表開始からの陽性者は計430人となった。橋本聖子会長は、記者会見で「安全最優先で大会を実現し、大きな問題が起こることなく閉幕の日を迎えられた。経験を踏まえ、パラリンピックに向けてしっかり準備したい」と語った。

Tokyo 2020+

（「読売新聞」2021年8月9日付）

閉会式で入場する日本の選手ら（8日午後8時42分、国立競技場で）＝飯島啓太撮影

（「読売新聞」2021年8月9日付）

CHECK

次回の夏季オリンピックは2024年、パリ（フランス）で開催《かいさい》される。

CHECK

2021年は3つの祝日を移動

海の日	7月22日
スポーツの日（体育の日から名称《めいしょう》変更《へんこう》）	7月23日
山の日	8月8日

重要語句

①プレーブック
新型コロナウイルス対策《たいさく》のために、食事や競技中を除《のぞ》くマスク着用、入出国や検査の流れなど、感《かん》染《せん》防止のためのルールを選手・チーム役員、メディア、スポンサーといった大会関係者ごとに記している。

②アスリート
スポーツ選手のこと。

③オリンピック・レガシー
「遺産《いさん》」を意味するレガシーと、「オリンピック」を組み合わせた言葉。オリンピック開催をきっかけに導入されたりつくられたもののうち、その後の社会や文化に溶《と》けこんでいるものを指す。

④ピクトグラム
情報や注意を絵で表したもの。

「東京2020オリンピック」「東京2020パラリンピック」のエンブレム「組市松紋《くみいちまつもん》」

TOKYO 2020

TOKYO 2020 PARALYMPIC GAMES

© Tokyo 2020

政府の取り組み

東京2020オリンピック・パラリンピックに向けて

●東京オリンピック・パラリンピック担当《たんとう》大臣の設置

スポーツの推進《すいしん》と強化

●スポーツ庁《ちょう》の設置（2015年）

※文部科学省の外局

国際オリンピック委員会（IOC）

1894年に設立された、近代オリンピックを主催《しゅさい》する非政府・非営利民間団体。本部はスイスのローザンヌにある。現在は206の国・地域《ちいき》が承認《しょうにん》されている。

幻《まぼろし》の1940年

「東京オリンピック」と「東京万博」

日中戦争（1937〜45年）の激化《げきか》によって、1938年に開催権を返上した。→P8、9（近代オリンピック開催地一覧《いちらん》も確認《かくにん》しよう）

記事のポイント

コロナ禍での開催と感染《かんせん》対策

新型コロナウイルス流行による史上初の大会延《えん》期《き》を経て、2021年7月23日から8月8日にかけて東京2020オリンピック、8月24日から9月5日にかけて東京2020パラリンピックが開催されました。オリンピックは一部を除《のぞ》いて無観客で実施《じっし》され、パラリンピックは小中高生と幼稚園児の観戦を除いて無観客で実施されました。出場選手は競技中以外はマスクを着用しました。

出場選手や大会関係者への感染対策として、日本への入国後は新型コロナウイルスの検査を毎日行うことや行動範囲《はんい》は宿泊先《しゅくはくさき》、競技会場、練習会場を原則とすることなどが❶プレーブックに記されていました。

残念ながら違反した選手や関係者も存在《そんざい》し、参加資格のはく奪《だつ》などの処分《しょぶん》が科された事例もみられました。

選手たちの活躍が連日報道されると、コロナ禍でのオリンピック・パラリンピック開催に対する否定的《ひていてき》な世論《よろん》から、次第《しだい》に開催に対する肯定的《こうていてき》な世論も目立つようになりました。

難民《なんみん》選手団の出場

難民となり、母国の選手として出場できなくなった❷アスリートによって構成された難民選手団は、2016年のリオデジャネイロオリンピックで初めて結成され、2021年の東京2020オリンピック・パラリンピックにも出場を果たしました。

東京2020オリンピックの難民選手団の出身国で、もっとも多いのはシリアで、そのほかにはイラン、南スーダンなどとなっています。

ここも勉強しよう！

パラリンピック以外の障《しょう》がい者スポーツ大会

1988年のソウルオリンピック以降《いこう》はオリンピックと同じ会場を使用して行われるようになった**パラリンピックは、現在ではオリンピックと同じくらい有名な大会となりました。パラリンピックは主に手足が不自由な人や目が不自由な人を対象とします。**しかし、障がいには様々な種類があり、パラリンピックのほかにも様々な障がい者向けの世界的なスポーツ大会があります。

耳が不自由な人を対象としたデフリンピックは1924年に初の大会がフランスで開催。世界初の障がい者スポーツにおける国際競技大会として知られ、パラリンピックよりも長い歴史を有しています。また、知的障がいがある人の自立や社会参加を目的として、競技大会の開催などを行うスペシャルオリンピックスとよばれる組織があります。

1964年東京オリンピックの❸オリンピック・レガシー

1964年東京オリンピックは第2次世界大戦からの復興を世界にアピールするチャンスでもありました。東海道新幹線や東京都特別区及《およ》びその周辺にのびる自動車専用《せんよう》道路（首都高速道路）が整備され、現在も多くの人に利用されています。

大量の食料が必要となる選手村では冷凍《れいとう》食品も提供《ていきょう》され、その後、一般《いっぱん》家庭にも普及《ふきゅう》するきっかけとなりました。開会式や競技のテレビ放送を視聴《しちょう》するために、カラーテレビを購《こう》入《にゅう》した家庭もみられました。日本を訪《おとず》れた外国人に向けて❹ピクトグラムが導入され、広まりました。

ピクトグラムの例（非常口）

疫《えき》病《びょう》の歴史

感染症　闘いは続く

天然痘
感染が拡大した主な時期
5〜8世紀

急激な高熱と発疹があり、致死率は2〜5割とされる

シルクロードを使った貿易でヨーロッパや中東に広がり、日本でも仏教伝来とともに持ち込まれた

- ▶仏教の力で乗り越えようと、聖武天皇が奈良・東大寺に大仏を建立
- ▶1796年にイギリス人医師のジェンナーが、牛の天然痘ウイルスを接種する（種痘）と予防効果があると発見。日本でも江戸時代後期に種痘が広まった
- ▶ヒトの感染症としては唯一撲滅に成功し、1980年に根絶を宣言

スペイン風邪
20世紀初頭

病原体はインフルエンザウイルス。1918〜20年に流行。世界中で4000万人以上が死亡、大正時代の日本でも約40万人が死亡したとされる

アメリカで流行が始まり、第1次世界大戦中にアメリカ軍がヨーロッパに渡り、現地で拡大したとされる

- ▶1918年、アメリカのセントルイス市が、教会や劇場を閉鎖し、人の接触を極力減らした結果、パレードなどを行った州に比べ死亡率は半分以下となった。この事例が、今回の新型コロナウイルスの都市封鎖や学校休校などにも影響しているとする見方もある

当時のポスター
（内務省衛生局「流行性感冒」から）

ペスト
14世紀

高熱のほか、皮膚が出血をともなう発疹で黒くなるため「黒死病」と呼ばれ恐れられた。推計で7500万人が死亡したとされる

中央アジアで発生したとみられ、モンゴル帝国のヨーロッパへの進軍や、貿易の拡大などにより14世紀にはヨーロッパで大流行が起きた

- ▶地域の社会の健康状態を守る「公衆衛生」という考え方が広がる。中世イタリアでは船の「検疫」を開始
- ▶ペスト菌は1894年、細菌学者の北里柴三郎らが発見した

疫病は悪い空気がもたらすと考えられていた時代があり、17世紀にペストの治療にあたった医師は、香料をつめたくちばし状のマスクをつけていたとされる（Bridgeman Images/時事通信フォト）

エボラ出血熱
現代

高熱、悪寒、筋肉痛、下痢などの症状が表れ、口や鼻など全身から出血する。過去の流行時の致死率は5〜9割

1976年にアフリカ中部で見つかった。熱帯雨林にいるコウモリが自然宿主とされ、かまれたサルや家畜から人間に伝染する

- ▶鉱物採掘などのため、森林伐採が進み、ウイルスを保有する動物と接触する機会が増えたことが、発生頻度を上げる原因と考えられている

エボラ出血熱による死者とみられる遺体を入れたひつぎを運び出す医療関係者ら（ロイター）

コレラ
19〜20世紀

下痢や嘔吐《おうと》を引き起こし、脱水症状が進むと死亡する

インドで流行し、貿易などを通じて日本、中国、中東、東南アジアなどに広がる

- ▶イギリスの医師が感染経路を特定。「汚水が原因」との考え方が広まり、水道の整備が進むなど、都市衛生環境の改善を生んだ
- ▶地球温暖化による海水温の上昇で、コレラ菌の生息環境が広がり、感染拡大の可能性も指摘されている

（「読売中高生新聞」2020年3月20日付）

CHECK

非常に毒性が強いエボラ出血熱は、1970年代以降《いこう》、アフリカの国々で何度も流行している。エボラウイルスの有無《うむ》を確認《かくにん》できる検査キットが、JICA《ジャイカ》（国際協力機構）を通じてアフリカに提供《ていきょう》されている。

CHECK

当時は主に布製マスクが利用され、色はよごれが目立ちにくい黒が多かった。

厚生労働省がTwitter《ツイッター》やアプリに掲載《けいさい》した啓発《けいはつ》アイコン

知らないうちに、拡めちゃうから。
STOP!
感染拡大
— COVID-19 —

アマビエ
疫病《えきびょう》を予言したり鎮《しず》めたりするとされている妖怪《ようかい》。江戸《えど》時代の書物にその名前が見られます。新型コロナウイルスの流行で全国的に注目されました。

天然痘《とう》の流行と制圧

感染《かんせん》すると高熱を出し、顔などに発疹《ほっしん》（吹《ふ》き出物や水疱《すいほう》などができること）をもたらす天然痘（疱瘡《ほうそう》ともよばれました）は、奈良時代、大陸から日本に持《も》ちこまれ、大流行しました。当時、政治の中心にあった藤原不比等《ふじわらのふひと》（**中臣鎌足《なかとみのかまたり》**の息子《むすこ》）の息子の4兄弟は、天然痘で亡《な》くなり、国内政治は大いに混乱《こんらん》しました。

当時の**聖武天皇《しょうむてんのう》**は、この事態を憂《うれ》えて仏教への信仰《しんこう》を深めました。聖武天皇は全国に**国分寺《こくぶんじ》**と**国分尼寺《にじ》**を、また平城京に**東大寺**と大仏を建立《こんりゅう》しました。奈良時代以降《いこう》も天然痘の流行は何度もくり返され、平安時代には藤原道長《みちなが》の兄や親族たちが、安土・桃山《ももやま》時代には**伊達政宗《だてまさむね》**、江戸《えど》時代には**徳川家光**などが感染しています。

20世紀にはワクチンの開発が進み、1980年に**WHO**（世界保健機関）によって天然痘の根絶《こんぜつ》が宣言《せんげん》されました。

幕末《ばくまつ》のコレラ流行

コレラに感染すると下痢《げり》や嘔吐《おうと》が起こり、急激《きゅうげき》な脱水症状《だっすいしょうじょう》などによって命を落とすこともあります。

19世紀中ごろ、ロンドンでコレラが大流行しました。ジョン・スノーという医師は井戸水に原因があることを突き止め、その後、飲料水として利用されていたテムズ川の汚染《おせん》を防ぐために下水道の建設が進められました。

日米修好通商条約が結ばれた1858年、長崎に入港したアメリカ艦船《かんせん》の乗組員がコレラを持ちこみ、全国的に広がりました。感染するとすぐに死ぬことから人々からは「コロリ」と恐《おそ》れられ、浮世絵《うきよえ》師の歌川広重《ひろしげ》も犠牲《ぎせい》になっています。

明治時代に入って、コレラの流行を防ぐために東京では近代的な水道設備の建設が進められました。1898年には東京・新宿区の西部に広大な淀橋浄水場《よどばしじょうすいじょう》が完成しました。

結核《けっかく》の流行

結核はかつて、「国民病」や「亡国《ぼうこく》病」とよばれ、恐れられました。

古くは平安時代、**清少納言《せいしょうなごん》**が著《あらわ》した『**枕草子《まくらのそうし》**』の中で「胸《むね》」の「病」について記されており、当時流行した結核だとみられています。また明治時代には俳句《はいく》で活躍《かつやく》した**正岡子規《しき》**や小説『たけくらべ』で有名な**樋口一葉《ひぐちいちよう》**や政治家の**陸奥宗光《むつむねみつ》**、**小村寿太郎《じゅたろう》**などが結核により命を落としました。

結核による死者が減少するのは、戦後、ストレプトマイシンなどの抗生《こうせい》物質が使われ始めてからでした。ただし近年は感染の拡大《かくだい》が再び懸念《けねん》され、小規模《しょうきぼ》ながらもクラスター（集団感染）の発生も確認《かくにん》されています。

スペイン風邪《かぜ》の流行

第1次世界大戦中の1918年、新型のインフルエンザが発生し、スペイン風邪とよばれました。スペイン風邪が世界中で大流行したのは、第1次世界大戦のときにアメリカがヨーロッパに軍隊を派遣《はけん》したことが原因だったとされています。

この名称《めいしょう》は、ヨーロッパで数少ない中立国であったスペインには戦時における報道規制がなく、そこから病気の情報が世界中に広まったことに由来します。

日本の財政

人口の減少や景気の悪化は、税収《ぜいしゅう》の減少につながります。
日本の財政の様子から、現代日本の課題について考えてみましょう。

2021年度歳出（一般会計総額）は過去最高の106.6兆円に

2021年度の歳出（予算案※一般会計総額）は過去最高の106.6兆円となりました。新型コロナウイルス流行の影響《えいきょう》をふまえ、予算を設けて対応にあたります。また、新型コロナウイルス流行の影響による景気の悪化で、11年ぶりに税収が減少し、国の新たな借金となる新規国債《こくさい》の発行額が11年ぶりに増加しました。なお、国の「借金（国債＋借入金＋政府短期証券《しょうけん》の総合計）」は2021年3月末時点で約1216兆円に達しました。

一方、前年度（2020年度）は新型コロナウイルス対応のため、３度の補正《ほせい》予算が成立して計70兆円余りが追加されましたが、この補正予算のうち30兆円が2020年度内に使いきれず、余っていたことが判明しました。余った補正予算の一部は2021年度の歳入《さいにゅう》に計上されます。

国債と国内の資金の流れ

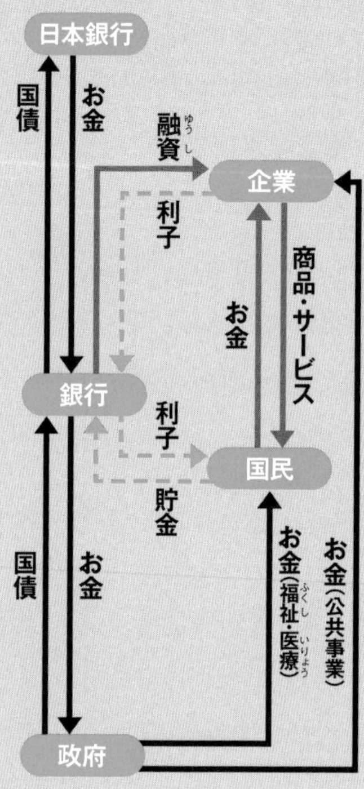

歳出の割合

2021年度当初予算

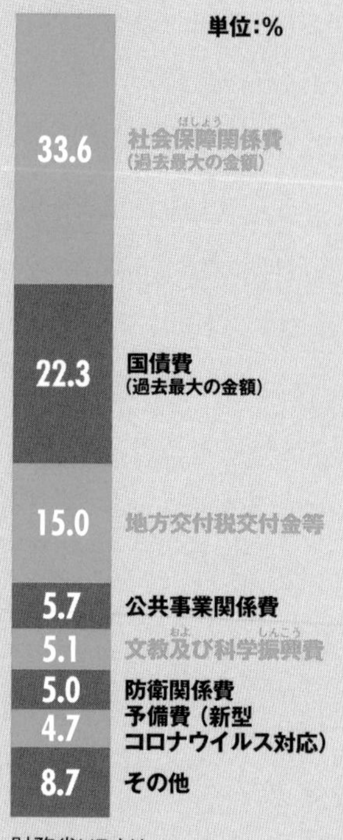

財務省HPより
※内訳の合計が100%になるように調整していません。

一般会計予算（歳入）

2021年度当初予算

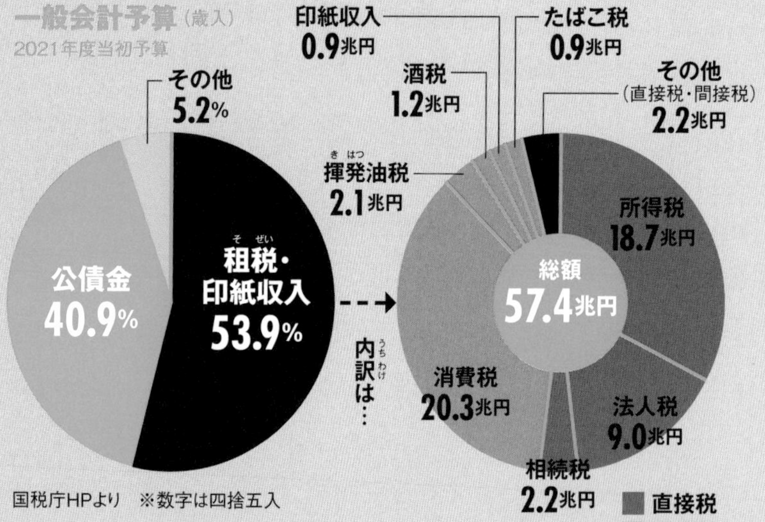

国税庁HPより　※数字は四捨五入

経済《けいざい》成長率

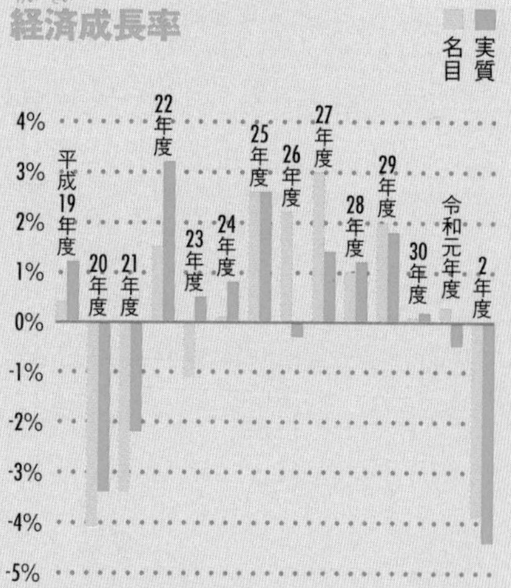

「令和2年度国民経済計算年次推計《すいけい》」
内閣府経済社会総合研究所
国民経済計算部資料
内閣府HPより

一問一答にチャレンジ

1 感染症対策《かんせんしょうたいさく》を行う国際連合の専門機関を何といいますか。

2 2020年3月に 1 の機関が宣言《せんげん》した、感染症の世界的流行を何といいますか。

3 緊急《きんきゅう》事態宣言の発令時、住民への外出自粛要請《じしゅくようせい》や店舗《てんぽ》への休業要請を出す権限《けんげん》を持つ首長の職制は何ですか。

4 天然痘《てんねんとう》ワクチンを発明した人物はだれですか。

5 新型コロナウイルスの感染防止のために避《さ》けるべき状態である「3密《みつ》」にあてはまるものを、すべて答えなさい。

6 日本の社会保障《ほしょう》を支える４つの制度のうち、感染症対策などを行う制度を何といいますか。

7 地域の住民の健康を守るために、**6** を行う公的機関を何といいますか。

8 国内総生産の略称《りゃくしょう》をアルファベット３字で答えなさい。

9 自宅《じたく》をはじめとした会社以外の場所で仕事をすることを何といいますか。

10 国際オリンピック委員会の略称をアルファベット３字で答えなさい。

11 「近代オリンピックの父」と称される、古代ギリシャで行われていたオリンピックを現代に復活させた人物はだれですか。

12 1964年東京オリンピックで使用されたことで日本における普及《ふきゅう》のきっかけとなった、情報を表した記号を何といいますか。

13 2021年東京オリンピックでは、紛争《ふんそう》や政治的圧力などで母国を逃《のが》れた人々による選手団が出場しました。この選手団を何といいますか。

14 オリンピックの後に開かれる、障《しょう》がい者のスポーツ大会を何というか答えなさい。

15 1980年に 1 の国際機関が根絶を宣言した感染症は何ですか。

2022年 入試予想問題

1 次の文章を読んで、あとの問いに答えなさい。

2019年12月に世界で初めて感染《かんせん》が確認《かくにん》された新型コロナウイルス（COVID《コビッド》-19）は、2020年には中国・武漢を皮切りに①世界的に感染が流行しました。一方で各国の製薬会社による治療《ちりょう》薬や②ワクチンの開発が進み、2020年末には世界でワクチンの接種が始まりました。ワクチン接種が進んでいるところでは、国や地域《ちいき》によっては外出時のマスクの着用義務をなくしたところもあります。世界では十分な数のワクチンが届《とど》いていない国や地域も多く、ワクチン接種をめぐる格差が広がっています。また世界各地で変異株《へんいかぶ》の発生も見られ、新型コロナウイルスの脅威《きょうい》はまだまだ続いています。

日本でも新型コロナウイルスが流行し、③政府や関係各所は対応に追われるようになりました。新型コロナウイルスの感染拡大《かくだい》に対応できるよう、2020年・2021年に④新型インフルエンザ等対策《たいさく》特別措置《そち》法がそれぞれ改正されました。感染防止のための休業要請《ようせい》や外出自粛《じしゅく》要請によって⑤停滞《ていたい》した経済《けいざい》を活性化させるための政策を実施《じっし》しましたが、感染者数の増減に対し、緊急《きんきゅう》事態宣言《せんげん》の発出と解除《かいじょ》がくり返されました。

問1 下線部①について、次の問いに答えなさい。

（1） このような事態を表す言葉をカタカナ6字で答えなさい。

（2） 2020年3月には「世界保健機関」が新型コロナウイルスを **（1）** の事態であると認定しました。「世界保健機関」の略称《りゃくしょう》をアルファベット大文字3字で答えなさい。

問2 下線部②について、種痘《しゅとう》（ワクチン）を用いて天然痘の流行を防ぎ、「近代免疫《めんえき》学の父」と称されている人物を次から選び、記号で答えなさい。

ア．マリ・キュリー　　イ．アンリ・デュナン

ウ．エドワード・ジェンナー　　エ．ロベルト・コッホ

問3 下線部③について、政府は様々な分野で新型コロナウイルスに対応してきました。これについて、次の問いに答えなさい。

（1） 医療の側面から新型コロナウイルスなどの感染症の対応にあたった省庁《しょうちょう》を次から選び、記号で答えなさい。

ア．総務省　　イ．厚生労働省　　ウ．外務省　　エ．防衛省

（2） 新型コロナウイルスなどの感染症に関する相談などを受け持つ地域の公衆《こうしゅう》衛生を担《にな》う公的機関を漢字3字で答えなさい。

問4 下線部④について、2020年の新型インフルエンザ等対策特別措置法の改正により、日本では緊急事態宣言を発出できるようになりました。これについて、次の問いに答えなさい。

（1） 緊急事態宣言を発出する権限《けんげん》を有するものを次から選び、記号で答えなさい。

ア．内閣《ないかく》総理大臣　イ．国会　ウ．最高裁判所《さいばんしょ》　エ．警視総監《けいしそうかん》

(2) 緊急事態宣言が発出された際にとることができる、都道府県知事に与《あた》えられた権限について述べた文として誤《あやま》っているものを次から選び、記号で答えなさい。

ア．飲食店に休業要請を出す。　　イ．住民に外出自粛要請を出す。

ウ．他の都道府県からやってきた人を追い返す。

エ．医薬品や食料品を業者から強制的に収用できる。

問5 下線部⑤について、政府が行った政策とそれにかかわった省庁の組み合わせとして誤っているものを次から選び、記号で答えなさい。

ア．Go To トラベル ― 国土交通省　　イ．Go To イート ― 農林水産省

ウ．特別定額給付金 ― 財務省　　エ．持続化給付金 ― 経済産業省

2 次の文章を読んで、あとの問いに答えなさい。

昨年（2020年）7・8月に開催《かいさい》予定だった東京オリンピックが、①今年（2021年）7月から8月にかけて開催されました。新型コロナウイルス感染症の世界的な流行の影響《えいきょう》で史上初めて大会が延期《えんき》になりましたが、1年の延期を経て、②東京での2回目のオリンピック開催が実現しました。この大会はアジアで初めて、同じ都市での2回目の開催となりました。

東京オリンピックの開催にあたって、日本政府は担当《たんとう》大臣や③スポーツ庁を設置したり、④日本を訪れる外国人にもわかりやすいように様々な情報を絵で表した図を作成したりするなど多くの準備をしてきました。競技のなかには北海道札幌《さっぽろ》市で開催された陸上の男子・女子マラソンをはじめ、東京都以外に会場が設けられたものもありました。⑤オリンピックの閉会後には、手足が不自由な人や目が不自由な人などを対象にした競技大会も開かれました。

次回の夏季オリンピックは、2024年に（　⑥　）で開催することが決定しています。⑦国際オリンピック委員会が掲げるオリンピック憲章《けんしょう》に則《のっと》って、無事に開催されることを祈《いの》り、楽しみにして待ちましょう。

問1 下線部①について、開会式・閉会式前後の混雑を緩和《かんわ》し、警備を行いやすくするために祝日を移動しました。開会式が行われた7月23日に移動した祝日を次から選び、記号で答えなさい。

ア．海の日　　イ．昭和の日　　ウ．スポーツの日　　エ．山の日

問2 下線部②について、次の問いに答えなさい。

(1) 1940年に開催予定だった「幻《まぼろし》の東京オリンピック」について、日本は1938年にこのオリンピックの開催権を返上しました。その理由について説明しなさい。

(2) 最初に東京でオリンピックが開かれたのは何年ですか。算用数字を用いて西暦《せいれき》で答えなさい。

(3) **(2)** の年の出来事を次から選び、記号で答えなさい。

ア．東京タワーの開業　　イ．東海道新幹線の開業

ウ．大阪万博の開催　　エ．テレビ放送の開始

解答と解説▶P109

(4) **(2)** のころは3Cとよばれる製品が普及《ふきゅう》し始めた時期です。3Cにあてはまらないものを次から選び、記号で答えなさい。

ア．コンピューター　　イ．カラーテレビ　　ウ．クーラー　　エ．自家用車

問３ 下線部③について、スポーツ庁はどの省の外局として設置されたか答えなさい。

問４ 下線部④について、右の［図］はこの図の例の１つを表しています。このような図を何といいますか。カタカナで答えなさい。

［図］

問5 下線部⑤について、この競技大会を何といいますか。カタカナで答えなさい。

問6 （　⑥　）にあてはまる都市を次から選び、記号で答えなさい。

ア．アテネ　　イ．北京《ペキン》　　ウ．パリ　　エ．ロサンゼルス

問７ 下線部⑦について、この組織の略称をアルファベット大文字３字で答えなさい。

3　次の文章を読んで、あとの問いに答えなさい。

多くの人の命を奪《うば》う感染症は、これまでに何度も流行し、人々を恐《おそ》れさせてきました。

文明が発達すると、人口が増加し、人々の間で感染症が拡大しやすくなり流行し始めます。とくに、農耕を始めるようになると定住する人が増え、①糞尿《ふんにょう》による感染症の危険《きけん》も高まっていきました。

かつて「亡国《ぼうこく》病」とよばれた **X** は、稲作《いなさく》が日本各地に広まった（　A　）時代に大陸からもたらされました。平安時代に『枕草子《まくらのそうし》』を著《あらわ》した（　B　）は、「病は、胸《むね》」と表現していますが、これは **X** のことではないかと考えられています。**X** で亡《な》くなった人は数知れず、②正岡子規《まさおかしき》や陸奥宗光《むつむねみつ》、③小村寿太郎《こむらじゅたろう》などの名をあげることができます。

Y は6世紀ごろに大陸から伝わったとされ、奈良時代や平安時代に何度も流行しました。自分の娘《むすめ》たちを天皇《てんのう》の后《きさき》とし、「この世をば我《わ》が世とぞ思ふ（　C　）の……」とうたったことでも知られる（　D　）は、兄を病で亡くしています。このころ **Y** が流行していたことから、**Y** で亡くなった可能性もあります。もし、**Y** の流行がなければ、（　D　）が権力《けんりょく》を握《にぎ》ることはなかったのかもしれません。

Y の影響《えいきょう》により、失明した人もいます。戦国大名の伊達政宗《だてまさむね》は、**Y** により右目の視力《しりょく》を失い、独眼竜《どくがんりゅう》とよばれるようになりました。この感染症は1980年に世界保健機関が根絶を宣言し、現在は過去のものとなっています。

問１ （　A　）～（　D　）にあてはまる語句や人物名を答えなさい。

問２ **X**と**Y**にあてはまる感染症を次から１つずつ選び、それぞれ記号で答えなさい。

ア．コレラ　　イ．ペスト　　ウ．天然痘　　エ．結核《けっかく》

問３ 下線部①について、『続日本紀《しょくにほんぎ》』によると、694年につくられた日本初の本格的な都では、糞尿《ふんにょう》などによる悪臭《あくしゅう》がひどく、文武《もんむ》天皇が対策《たいさく》をとるように命じたとされています。この都の名前を解答欄《らん》に合わせて漢字で答えなさい。

問４ 下線部②について、正岡子規の写真を次から選び、記号で答えなさい。

問５ 下線部③について、小村寿太郎が1911年に成し遂《と》げた外交の成果を、「関税自主権」という言葉を使用して説明しなさい。

（写真提供：日本近代文学館）

1 解答欄《らん》

問1	(1)						(2)			

問2	

問3	(1)		(2)			

問4	(1)		(2)	

問5	

2 解答欄

問1	

問2	(1)					
	(2)	年	(3)		(4)	

問3	省

問4	

問5	

問6	

問7			

3 解答欄

問1	A	時代	B		C		D	

問2	X		Y	

問3	京

問4	

問5	

適性検査・表現型問題

1 新型コロナウイルスの流行による影響《えいきょう》に関する、次の課題に取り組みなさい。

課題1 新型コロナウイルスの流行によって2020年前半に輸出や個人消費が大幅《おおはば》に落ちこんだ影響で、2020年の日本の経済《けいざい》成長率は前年比マイナス4.8%になりました。2020年後半からは経済はゆるやかに回復《かいふく》しつつありますが、この経済の回復を「K字回復」とよぶことがあります。「K字回復」とはどのようなことですか。右の **[資料]** を参考にして 説明しなさい。

[資料]

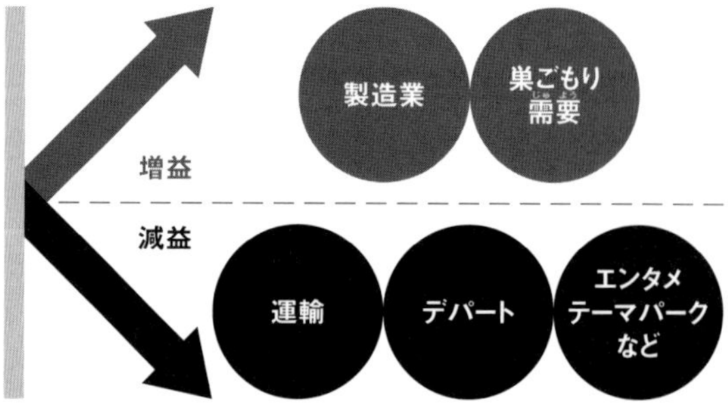

課題2 コロナ禍《か》で、企業《きぎょう》 など において書類にハンコ（印鑑《いんかん》・印章）を押さなくてよいようにする「脱《だつ》ハンコ」の動きが進んでいます。「脱ハンコ」の動きについて、次の「SDGs《エスディージーズ》（持続可能な開発目標）」の目標の観点からどのような利点があるか説明しなさい。

課題1		
課題2		

2 次の文章を読んで、あとの課題に取り組みなさい。

1822年、日本で初めてコレラが流行しました。正確な感染《かんせん》ルートは定かでないものの、長崎《ながさき》もしくは対馬《つしま》から流入してきたものであると考えられています。

コレラは患者《かんじゃ》の排泄物《はいせつぶつ》によって水が汚染《おせん》され、その水を飲んだ人がコレラに感染する形で感染が拡大《かくだい》していきます。患者が他の地域《ちいき》へと移動することが、感染の拡大につながるのです。1822年の流行では、西日本で患者が大きく増えたものの、江戸《えど》で大流行がおこることはなかったと考えられています。その理由として、江戸幕府《ばくふ》が人々の移動を制限できたことがあげられます。

[地図]

課題 江戸幕府はなぜ人々の移動を制限することができたのでしょうか。[地図] からわかることをふまえて説明しなさい。

課題	

第2章

政治と社会

岸田文雄《ふみお》内閣《ないかく》総理大臣の誕生《たんじょう》

2022年4月以降、18歳《さい》から大人に

結婚《けっこん》（婚姻《こんいん》）の様々な形をめぐって

「黒い雨訴訟《そしょう》」原告の勝訴確定

東日本大震災《だいしんさい》から10年

この記事もチェックしておこう!

デジタル庁《ちょう》が発足《ほっそく》

時事カレンダー2021

時期	主な出来事
2020年11月	大阪市で大阪都構想をめぐる住民投票が行われ、反対多数で否決《ひけつ》される
2021年3月	札幌《さっぽろ》地方裁判所《さいばんしょ》で同性婚が認《みと》められないことは憲法《けんぽう》第14条（法の下《もと》の平等）に違反《いはん》すると判断
6月	最高裁判所が日本における夫婦同姓《どうせい》を合憲とする判断
7月	「黒い雨訴訟」における広島高等裁判所の判断を受け、国は上告を断念
9月	デジタル庁が発足
	自由民主党総裁選が行われ、岸田文雄氏が新総裁に選出
10月	岸田文雄氏が内閣総理大臣に就任

今後の予定

2021年10月	第49回衆議院議員総選挙が実施予定
2022年4月	成年年齢が18歳に引き下げられる
	婚姻年齢《こんいんねんれい》を男女とも18歳に統一
	改正少年法が施行
7月	第26回参議院議員通常選挙が実施《じっし》予定
2022年度中	文化庁が東京から京都へ移転

岸田文《ふみ》雄《お》内《ない》閣《かく》総理大臣の誕《たん》生《じょう》

CHECK

岸田氏は64人目の内閣総理大臣。第49回衆議院《しゅうぎいん》議員総選挙後には特別国会が開かれ、第101代内閣総理大臣が選出されるみこみ。

岸田内閣 発足

❶衆院選31日投開票 19日公示

❷自民党の岸田文雄総裁は4日午後、国会で第100代❸首相に指名され、皇居での首相親任式と閣僚認証式を経て岸田内閣が発足した。首相は同日夜の就任記者会見で、❹臨時国会会期末の14日に衆院を解散し、「19日公示―31日投開票」の日程で衆院選を実施する方針を表明した。記者会見では、新型コロナウイルス禍でダメージを受けた経済の再生のため、大型の経済対策を策定する考えを示した。

コロナ対策・経済再生 注力

首相は記者会見で、「新型コロナとの闘いは続いている。まず喫緊かつ最優先の課題である新型コロナ対策に万全を期す」と述べた。さらに、「新しい資本主義」を目指し、所得再分配政策を強化する考えを示した。当面の具体策として「コロナ禍で苦しむ弱い立場の方々に現金給付を考えたい」と述べ、❺与党と調整に入る意向を明らかにした。

就任後、初の記者会見をする岸田首相（4日午後、首相官邸で）＝源幸正倫撮影

動画

自身の内閣については「新時代共創内閣」と表現した。

衆院選の日程は当初、「10月26日公示―11月7日投開票」が軸となっていた。首相は記者会見で衆院選前倒しの理由について、「一刻も早く思い切ったコロナ対策、経済対策を実現したい。そのためには、この岸田にお任せいただけるのか（国民に）ご判断いただき、国民の信任を背景に政治を動かしたい」と説明した。政治的空白をできるだけ短くする必要性にも言及した。

岸田内閣発足

「所得再分配」 2
「速攻」決断 3
検証 菅氏退陣 4
経済の課題 7
閣僚の横顔 13
専門家に聞く 15
医療現場の声 32 33

4日召集された臨時国会の日程は当初の予定通り、8日に所信表明演説に臨み、11～13日に演説に対する各党代表質問を行う。30～31日にイタリア・ローマで行われる主要20か国・地域（G20）首脳会議（サミット）などについて、首相はオンラインでの出席を目指す意向を示した。

岸田首相は、戦前も含めて64人目の首相となる。首相は4日午後の組閣に先立ち、公明党の山口代表と首相官邸で会談し、連立政権の継続を確認した。

新内閣では、細田派の松野博一官房長官に内閣の要の役割を託し、麻生派の鈴木俊一財務相、再任となる竹下派の茂木敏充外相、細田派の岸信夫防衛相など、重要閣僚は自民党の主要派閥から起用した。一方で、「老壮青」のバランスを重視し、全20閣僚のうち13人が初入閣となった。

山際大志郎経済再生相がコロナ対策も担当し、後藤茂之厚生労働相、岸田派の堀内詔子ワクチン相もコロナ対応を担う。

官房副長官には木原誠二衆院議員と、栗生俊一・元警察庁長官が就任した。国家安全保障に関する首相補佐官は、木原氏が兼務する。近藤正春内閣法制局長官は再任された。

想定される今後の主な政治日程

10月	7日	参院静岡、山口両選挙区補欠選挙告示
	8日	岸田首相の所信表明演説
	11～13日	代表質問
	14日	衆院解散
	19日	衆院選公示
	21日	衆院議員の任期満了
	24日	参院静岡、山口両選挙区補選投開票
	30日	ローマで主要20か国・地域(G20)首脳会議が開幕(～31日)
	31日	衆院選投開票

（「読売新聞」2021年10月5日付）

記念撮影に臨む岸田首相（前列中央）ら（4日夜、首相官邸で）＝源幸正倫撮影

（「読売新聞」2021年10月5日付）

重要語句

❶衆議院

議員定数は465。任期は4年（任期途《と》中《ちゅう》の解散あり）。被《ひ》選挙権《けん》は満25歳《さい》以上。

❷自由民主党《とう》（自民党）

1955年に自由党・日本民主党（ともに当時）が合併《がっぺい》して結成された政党。初代総裁《そうさい》は日ソ共同宣言《せんげん》を発表したことで知られる鳩山《はとやま》一郎。現在は公明党と連立政権《せいけん》を組む。

❸内閣総理大臣（首相《しゅしょう》）

行政権《けん》を持つ内閣の長《おさ》。文民（軍人ではない人物）かつ国会議員のなかから、国会で指名される。

❹臨時《りんじ》国会

今回は衆議院の解散総選挙を経ていないため、特別国会ではなく、臨時国会の中で内閣総理大臣の指名が行われた。

❺与党《よとう》

政権を担当《たんとう》する政党。現在の与党は自由民主党・公明党。

❻経済《けいざい》安全保障《ほしょう》

近年のアメリカ・中国の経済的な対立を背景《はいけい》に注目が集まる、技術・データの海外への流出などを防ぎ、自国の経済を守るという考え方。

❼国務大臣

中央省庁《しょうちょう》の責任者で内閣の構成員。過半数が国会議員から選ばれるが、民間人から選ぶこともできる。内閣総理大臣によって任命される。

❽平等権

日本国憲法《けんぽう》で保障されている権利。日本国憲法には「法の下《もと》の平等」などが明記されている。

❾最高裁判所《さいばんしょ》

立法権、行政権、司法権の三権のうち、司法権を担《にな》う最高機関。すべての裁判所は最高裁判所の下に属する。違憲審査《いけんしんさ》の最終的な権限を持つことから「憲法の番人」ともいわれる。

記事のポイント

岸田文雄内閣総理大臣の誕生

2020年9月に就任《しゅうにん》して以来、菅義偉《すがよしひで》・前❸**内閣総理大臣**は新型コロナウイルス感染症《かんせんしょう》の対応に追われました。❶**衆議院**の任期満了《まんりょう》が迫《せま》るなかで❷**自由民主党**の支持率は低迷《ていめい》し、党内からは菅氏が「選挙の顔」になることを不安視《し》する声が相次ぎました。そのようななか、岸田文雄氏はいち早く自由民主党の総裁選挙への立候補《りっこうほ》を表明しました。

2021年9月の総裁選挙の結果、自由民主党総裁に選ばれた岸田氏は、2021年10月には❹**臨時国会**で首相に指名され、第100代内閣総理大臣に就任しました。岸田首相は新型コロナウイルスの対応のほか、❻**経済安全保障**や「新しい日本型資本主義」を掲《かか》げ、自身の内閣を「新時代共創《きょうそう》内閣」と表現しました。

東京都出身の岸田首相は1993年に広島県の選挙区から衆議院議員に初当選、第1次安倍内閣で初めて❼**国務大臣**となり、第2次・第3次安倍内閣では約4年半にわたって外務大臣を務めました。岸田首相と同じく広島県の選挙区から選出された国会議員で首相を務めた人物としては、「所得倍増計画」で知られる、1960年から64年にかけて首相を務めた池田勇人《はやと》氏らがいます。

第49回衆議院議員総選挙の実施《じっし》

岸田首相は記者会見において、10月14日に衆議院を解散し、10月31日に衆議院議員総選挙を行う方針《ほうしん》を発表しました。

岸田首相は就任直後に衆議院議員総選挙を実施し、(❺**与党**が過半数の議席を獲得《かくとく》することで) 国民の信任を得て、その信任を背景に政治を動かしたいと説明しました。第49回衆議院議員総選挙では、465の議席が改選されます。

ここも勉強しよう!

国政選挙と「1票の格差」

日本国憲法で❽**平等権**が保障されている以上、国民の権利である選挙では、住む場所によって1票の重みが異《こと》なるということがあってはなりません。しかし、現在の制度では、区割《くわ》りの都合上、完全に平等になることは不可能です。1972年には衆議院議員総選挙での「1票の格差」(議員1人あたりの有権者数の差) は最大で約5倍ありました。その後、区割り、定数など選出方法に変更《へんこう》が加えられ、第49回衆議院議員総選挙における小選挙区の「1票の格差」は約2倍となる見こみです。

❾**最高裁判所**はこれまで、近年の衆議院議員総選挙は「憲法に違反する状態」であるとして、国に格差を小さくするよう求めてきました。

菅内閣の主な出来事を押《お》さえよう

菅前首相は体調不良を理由に辞任した安倍晋三《しんぞう》元首相の後を継ぎ、内閣総理大臣としての在任期間は384日でした。菅内閣のもとでの出来事として、新型コロナウイルスのワクチンの確保や接種の実施、東京オリンピック・パラリンピックの開催《かいさい》、デジタル庁の創設などがあげられます。

花束を手に首相官邸《かんてい》を後にする菅前首相 (右)
(「読売新聞」2021年10月5日付、菅野靖撮影《さつえい》)

2022年4月以降、18歳《さい》から大人に

新成人 静かに祝う

コロナ最前線 緊急事態再び

オンライン開催・会食なし

成人の日の11日、新型コロナウイルス感染拡大に伴う緊急事態宣言が出た東京、埼玉、千葉、神奈川の4都県でも、会場での式典やオンライン形式などで成人式が開かれた。集まった新成人に式後の会食自粛などを呼びかける光景もみられた。

＜本文記事1面＞

▲間隔を空けて着席し、式典に臨む新成人たち（11日、東京都杉並区で）＝冨田大介撮影

手作りの振り袖を着て、墨田区のオンライン成人式を視聴する　さん（11日、都内で）

■タブレットで

東京都墨田区の　さん(20)は都内の宿泊施設で着付けを終え、家族と一緒に、持ち込んだタブレットを囲んだ。

緊急事態宣言を受け、区が企画したオンライン成人式。画面には、新成人代表らが誓いの言葉を述べたり、小中学校の思い出を語ったりする映像が流れた。

「おめでとう」「落ち着いたら会いたいね」。　さんはLINEで、オンライン参加する友人らにメッセージを送った。

　さんはこの日のために、約2か月かけて振り袖を手作りした。「感謝」の花言葉を持つダリアをあしらい、裾の裏地には疫病封じの妖怪「アマビエ」も描いた。晴れ着姿で家族と記念写真も撮り、「会場で友人たちと祝って、食事をできなかったのは残念。でも、成人式らしさを味わえ、家族に感謝も伝えられた」と笑顔を見せた。

■区長が謝罪

感染拡大を受け、成人式への対応が分かれた。東京23区でも杉並区だけが式典を予定通り実施。他の区は延期したり、オンラインに切り替えたりした。

新宿区は当初、吉住健一区長が「一生に一度の式典」として実施を表明したが、7日の緊急事態宣言を受けて内容を変更。11日は、お祝いのメッセージを動画配信したうえで、会場を開放し、記念写真用に金びょうぶを置いた。新成人らは午前中から会場を訪れ、晴れ着やスーツ姿で友人らと一緒に記念撮影。和服姿の吉住区長が「ご迷惑をおかけして申し訳ありません」と頭を下げる場面もあった。

会場を訪れた　の　さん(19)は「緊急事態なので式ができないのは仕方ない。地元に貢献できる大人になりたい」と語った。

式典後の会食自粛を呼びかける自治体も多く、この日、3回に分けて成人式を開催した川崎市では、会場近くの駅に職員が立ち、「飲食を伴う同窓会などはお控えください」と記した看板を掲げて帰宅を促した。

■前向きに

民俗学者の室井康成さん(44)によると❶民法で成人年齢が20歳と決められたのは明治時代だが、20歳で成人という意識が浸透したのは、戦後、全国の自治体が成人式を開催するようになってからだという。

自治体による成人式は、文部省(現在の文部科学省)の主導で広がった。敗戦によって傷ついた若者を励ます目的があったと考えられている。

室井さんは「中止やリモート開催など様変わりしたが、そもそもお祝いなのだから、決められた様式にこだわる必要はない。コロナ禍にあっても、新成人は前向きに人生を歩んでほしい」と話した。

（「読売新聞」2021年1月12日付）

CHECK

現在の成人式にあたる催《もよお》しを初めて行ったのは埼玉県蕨《わらび》市とされる。1946年11月に行われた「青年祭」（「成年式」）では、戦後直後の開催《かいさい》だったこともあり、男性は戦時中の国民服、女性はもんぺ姿《すがた》だったという。

時代《じだい》、法律《ほうりつ》で変《か》わる年齢《ねんれい》

「20歳《さい》で大人《おとな》になる」と決《き》められたのは明治《めいじ》時代のこと。当時《とうじ》は「徴兵制《ちょうへいせい》」と言《い》って、男性《だんせい》は20歳《さい》になると軍隊《ぐんたい》に入《はい》ったことから、20歳《さい》が成人年齢《せいじんねんれい》に決《き》められたと言《い》われています。

江戸時代《えどじだい》には武家《ぶけ》の男子《だんし》は16歳《さい》くらいで「元服《げんぷく》」し、髪形《かみがた》や服装《ふくそう》も大人《おとな》に変《か》わりました。民俗学者《みんぞくがくしゃ》の室井康成《むろいこうせい》さんによると、表《ひょう》のように戦前《せんぜん》までは集落《しゅうらく》や職業《しょくぎょう》によって大人《おとな》と見《み》なされる条件《じょうけん》は違《ちが》いました。男性《だんせい》は「親《おや》の仕事《しごと》を継《つ》ぐスキルを身《み》につけた」、女性《じょせい》は「結婚《けっこん》して子《こ》どもを産《う》める体《からだ》になった」というものが多《おお》かったそう。「必《かなら》ずしもある年齢《ねんれい》で自動的《じどうてき》に大人《おとな》と見《み》なされたわけではないのです」と教《おし》えてくれました。

来年《らいねん》4月には民法《みんぽう》（➚時事《じじ》ワード6ﾍﾟ）が改正《かいせい》され、成人年齢《せいじんねんれい》は20歳《さい》から18歳《さい》に引《ひ》き下《さ》げられます。

各地《かくち》の集落《しゅうらく》で大人《おとな》の仲間《なかま》入《い》りをする条件《じょうけん》

- 田植《たう》えや稲刈《いねか》りができるようになる（岩手県《いわてけん》）
- 19歳《さい》の厄年《やくどし》を過《す》ぎる(神奈川県《かながわけん》)
- 針仕事《はりしごと》や料理《りょうり》ができるようになる（新潟県《にいがたけん》）
- 秋祭《あきまつ》りで米《こめ》をかつぐ（島根県《しまねけん》）

は男性　は女性

※戦前の状況を調べた室井康成さんの研究から。

（「読売KODOMO新聞」2021年1月14日付）

重要語句

❶民法

お金の貸し借りやものの売買といった契約《けいやく》などを定める財産に関する法律《ほうりつ》（財産法）と、親子関係や夫婦関係、相続などを定める家族に関する法律（家族法）があり、1000以上の条文からなる。

❷GHQ（連合国軍最高司令官総司令部）

太平洋戦争後、日本に進駐《しんちゅう》した連合国軍によって設立された、日本の民主化などを指導した組織。初代最高司令官はアメリカのダグラス・マッカーサー。

❸少年法

罪を犯した少年・少女の性格を直したり、暮《く》らしの環境《かんきょう》を良くしたりする少年保護手続などに関する刑事《けいじ》訴訟法《そしょうほう》の特則を規定した法律。

❹世論《よろん》

政治に関する人々のまとまった意見。

記事のポイント

少子高齢化《こうれいか》をふまえ、若《わか》い世代の社会参加を

明治時代の1873年に出された徴兵令《ちょうへいれい》は20歳以上の男子を対象としていました。その後、1898年に制定された[1]民法において、成年年齢（法律上、大人として扱《あつか》われる年齢）は20歳となりました。しかし近年、日本では子どもの数が減り、人口に占《し》める高齢者《こうれいしゃ》の割合《わりあい》が高くなる少子高齢化が進んでいます。そこで、若い世代の社会への参加を早めることで世の中を活性化させようとする声があがり、議論が活発化しました。

2015年には選挙権《けん》年齢が18歳に引き下げられました。このようななか、2018年には民法が改正され、2022年4月から、成年年齢を18歳とすることが定められました。

小中学校では主権者教育が重要視《し》されるようになるなど、2022年4月の成年年齢の引き下げをにらんだ動きがさかんになっています。

なお、世界の国々では成年年齢を18歳としているところが多くなっています。

18歳は「大人」でほんとうに大丈夫《だいじょうぶ》？

成年年齢に達すると、法律上は大人として扱われます。つまり、「判断力が備わっている」「自立している」として扱われます。

例えば、悪質商法などでだまされて金銭《きんせん》的な損害があった場合など、未成年者が親の同意なく結んだ契約は取り消すことができますが、成年年齢引き下げ後は、18歳・19歳の契約は取り消すことができなくなるということです。

ここも勉強しよう！

成年年齢の引き下げとともに、改正少年法が施行《しこう》

太平洋戦争終結直後の日本では、貧しさや食料不足から窃盗《せっとう》などを行う少年・少女が後を絶ちませんでした。これに対し、[2]GHQの指導のもと、罪を犯した少年・少女の保護や教育を目的とした[3]少年法が1947年に制定されました。その後、未成年による凶悪《きょうあく》な犯罪の発生や[4]世論の動向を受け、近年、少年法は何回か改正され、厳罰化《げんばつか》がなされてきました。これまでの少年法には、未成年者である少年の氏名などを新聞などに掲載《けいさい》してはいけないとする条《じょう》項《こう》がありました。

2021年、少年法改正案が成立し、成年年齢が引き下げられる2022年4月から施行されることとなりました。これにより、さらなる厳罰化に加え、新たに成人となる18歳・19歳は「特定少年」とされ、逮捕《たいほ》された後に刑事手続きに進んだ場合は氏名などを新聞などで報道してもよいこととなりました。

成年年齢の引き下げで変わること、変わらないこと

成年年齢の引き下げにともなう具体的な事例や課題を確認《かくにん》しましょう。

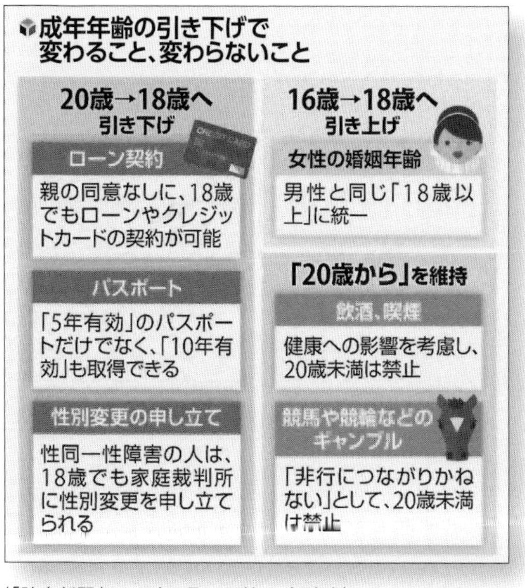

（「読売新聞」2018年6月14日付、一部改変）

結《けっ》婚《こん》(婚《こん》姻《いん》)の様々な形をめぐって

同性婚認めぬのは「違憲」

札幌地裁 初の司法判断、賠償は棄却

同性婚を認めないのは憲法違反だとして、北海道内の同性カップル3組が、国に1人当たり100万円の損害賠償を求めた訴訟の判決が17日、札幌地裁であった。武部知子裁判長は「同性婚を認めない民法と戸籍法の規定は差別にあたり、憲法14条に違反する」と違憲判断を示した。ただし「国が憲法違反を認識するのは容易ではなかった」として、賠償請求は棄却した。原告側は控訴[1]する方針。

同性婚を巡る訴訟は東京、名古屋、大阪、福岡の4地裁でも進んでおり、司法判断は今回が初めて。同性婚を認めていない民法[2]や戸籍法が憲法違反かどうかが最大の争点だった。

原告側は「婚姻の自由」を定めた憲法24条に違反すると主張していたが、判決は「24条は異性婚について定めたもの」として退けた。

その上で「現在は、同性愛が精神疾患ではないとの知見が確立された。性的指向は人の意思で選択・変更できない」と指摘。配偶者の相続権や子供に対する共同親権など、異性間の婚姻であれば得ることができる法的効果について、「同性愛者がその一部ですら享受できないのは、合理的根拠を欠き、差別に当たる」と指摘し、「法の下の平等」を定めた憲法14条に違反すると結論付けた。

一方で、「国民意識の多数が同性婚などに肯定的になったのは、比較的近時のこと」などとして、国の賠償責任は認めなかった。

〈判決要旨6面、関連記事35面〉

判決のポイント

▽同性愛は精神疾患ではなく、性的指向は自分の意思で選べない
▽同性婚を認めない民法などの規定は「法の下の平等」を定めた憲法14条に違反
▽国が立法措置を怠ったとは評価できず、賠償請求は棄却する

(「読売新聞」2021年3月18日付)

CHECK

婚姻可能な年齢《ねんれい》は2022年4月以《い》降《こう》、男女とも18歳《さい》以上に変更《へんこう》される。→P34参照

夫婦別姓 再び認めず

15年に続き 民法[2]規定「合憲」

最高裁

夫婦別姓を認めない民法や戸籍法の規定が「両性の平等」などを保障した憲法に違反するかが争われた家事審判の特別抗告審で、最高裁大法廷（裁判長・大谷直人長官）は23日、「合憲」との判断を示す決定をした。大法廷が現状の同姓規定を合憲としたのは、2015年12月の判決に続いて2度目。決定は15年判決を踏襲し、「社会情勢の変化を考慮しても判断を変更する理由はない」と判断した。

〈決定の要旨11面、関連記事3・4・33面〉

制度設計「国会で判断」

裁判官15人のうち、11人の多数意見。弁護士出身の宮崎裕子裁判官を含む4人は、「違憲」とする反対意見を述べた。15年判決では合憲が10人、違憲が5人だった。

15年判決は、婚姻に際して「両性の実質的な平等」を保障する必要があるとしつつ、具体的な制度設計は国会の裁量に委ねるべきだと指摘。「夫婦同姓には家族の一体感醸成などの意義がある」とした上で、旧姓使用の拡大により改姓に伴う不利益も緩和しているとし、現行制度は憲法の趣旨に反しないとしていた。

今回の家事審判は、東京都内の男女3組が別姓での婚姻届の受理を求め、18年3月に申し立てた。申立人側は15年判決後、選択的夫婦別姓の導入を求める地方議会の議決が相次いだことや、世論調査で導入を容認する人が過去最多となったことなどから、「判決の合理性は失われており、夫婦別姓を導入しないのは違憲だ」と主張していた。

しかし、この日の決定は、「民法や戸籍法が憲法に違反しないことは15年判決に照らして明らかだ」として、申立人側の特別抗告を棄却。夫婦の姓を巡る立法政策の当否と合憲性の判断は次元が異なるともした上で、選択的夫婦別姓を含めた制度のあり方については、15年判決と同様、「国会で論じられ、判断されるべき事柄にほかならない」と結論付けた。

一方、違憲の個別意見を述べた裁判官4人は、改姓による不利益を解消するため、法改正による選択的夫婦別姓の導入が必要だと指摘。合憲とした裁判官も、3人は「事情の変化によっては、同姓規定が違憲と評価されることもあり得る」とする補足意見を付けた。

最高裁大法廷の決定のポイント

▽国民の意識の変化などを考慮しても、2015年の合憲判決を変更する理由は認められない
▽選択的夫婦別姓の可否は、国会が判断すべき事柄だ
▽国会には、国民の様々な意見や社会の変化を踏まえた真摯《しんし》な議論を期待する（合憲とした裁判官3人の補足意見）

(「読売新聞」2021年6月24日付)

重要語句

①控訴《こうそ》

第1審《しん》の裁判所《さいばんしょ》の判決に納得《なっとく》がいかず、第2審の裁判所に訴《うった》えを起こすこと。

②民法

→ P34 参照

③LGBT

レズビアン（女性の同性愛者）、ゲイ（男性の同性愛者）、バイセクシュアル（両性愛者）及《およ》びトランスジェンダー（心と体の性が一致《いっち》しない人）のアルファベットの頭文字を組みあわせたもの。なお、LGBTの運動ではしばしば虹色《にじいろ》の「レインボーフラッグ」が使用される。

同性愛を巡る見解や制度などの主な経緯

1947年	同性婚を認めていない民法・戸籍法制定
69年	同性愛を「異常性欲の一種」と記述した広辞苑出版
92年	WHOが「同性愛は精神障害と見なさない」との見解を公表
2001年	オランダが同性婚を認める法を世界で初めて施行
15年	東京都渋谷区などが「パートナーシップ制度」を全国で初導入。21年3月1日現在、導入自治体は78に
19年	同性カップルが全国5地裁で裁判を起こす
21年3月17日	札幌地裁が全国で初めて、同性婚を認めないのは憲法14条違反と判断

(「読売中高生新聞」2021年3月26日付)

記事のポイント

同性婚ができないことの日本初となる違憲《いけん》判決

「結婚（婚姻）は男女間によるもの」という認識《にんしき》は、時代とともに変化しています。近年は同性婚を認《みと》める国が現れたり、同性愛者・両性愛者・トランスジェンダーの人たちを総称した❸LGBTという言葉が広まったりするなど、性的少数者の人たちに対する理解が進みつつあります。日本においても同性カップルを男女間の夫婦《ふうふ》と同等に扱《あつか》う「パートナーシップ制度」を導入している地方公共団体（地方自治体）もみられます。

2021年3月、札幌《さっぽろ》地方裁判所は、法律《ほうりつ》上、同性婚ができないことは憲法違反《けんぽういはん》であるとする訴えに対し、❷民法などの規定は「法の下《もと》の平等」を掲《かか》げる日本国憲法第14条に違反しているなどとする判決を下しました。ただし、「すべて国民は、個人として尊重《そんちょう》される」と規定する日本国憲法第13条や、「婚姻は、両性の合意のみに基《もと》づいて成立」すると規定する日本国憲法第24条については合憲で、国の賠償《ばいしょう》責任は認めないとの判決が下されたため、原告は札幌高等裁判所に❶控訴しています。

最高裁判所による夫婦同姓《どうせい》の合憲判決

日本では民法によって夫婦が同じ苗字《みょうじ》を名乗る夫婦同姓が定められていますが、近年は夫婦別姓を認めるよう求める声が高まっており、夫婦別姓を認めない法律は憲法違反であるとする訴えによって裁判も行われてきました。2021年6月、最高裁判所は、夫婦同姓は日本国憲法に違反しないとする判決を下しました。最高裁判所による判断は2015年以来2例目となります。

一方、最高裁判所は婚姻時に同姓か別姓かを選べる「選択的《せんたくてき》夫婦別姓」について、国会が判断すべきであるとしました。世論《よろん》の変化に対し、法律をつくる立法権を有する国会による対応が、世の中を変えるきっかけになると考えられます。

ここも勉強しよう！

夫婦同姓による手間や弊害《へいがい》

日本では妻が夫の苗字に合わせることが多いため、**苗字が変わると、手続きや契約《けいやく》などにおける再度の本人確認《かくにん》や、銀行口座《こうざ》の名義変更を行う必要があり、大きな手間がかかります。**

また、女性の社会進出が進むなか、旧姓《きゅうせい》のころに就《つ》いていた仕事が、苗字が変わることで認知されにくくなるという弊害もありました。

2019年11月からは住民票、同年12月からは運転免許証《めんきょしょう》について、申請《しんせい》をすれば旧姓が併記《へいき》できるようになるなど、弊害を緩和《かんわ》する取り組みも行われています。

年齢別・男女別就業《しゅうぎょう》率の変化（全国）

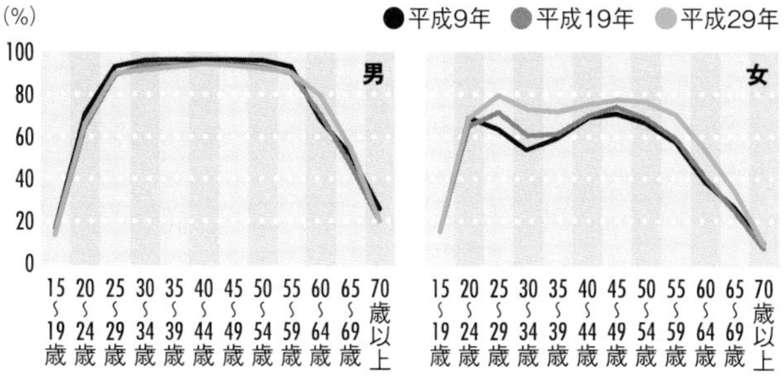

※総務省「労働力調査（基本集計）」より作成

旧姓併記の免許証の例

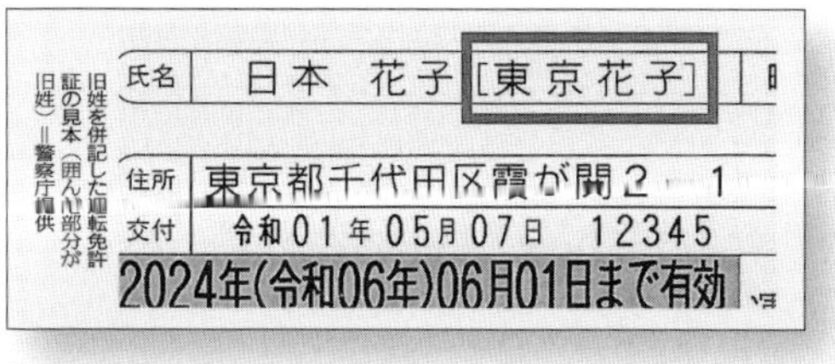

（「読売新聞」2019年12月6日付）

「黒い雨訴訟《そしょう》」原告の勝訴確定

CHECK
国に上告の断念を求めていた広島市・広島県が、なぜこの裁判《さいばん》では❷被告《ひこく》だったのか確認《かくにん》しよう。

「黒い雨訴え やっと」

国が上告断念

「被爆者」認定 ❶原告ら喜び

「長年の訴えがようやく届いた」。広島への原爆投下直後に降った「黒い雨」を巡る集団訴訟は、菅首相が26日、上告断念を表明し、国の援護対象区域外にいた住民ら原告84人全員を被爆者と認めた広島高裁判決が確定する。「政治決断」を求めていた原告らからは喜びの声が上がる一方、今後は原告以外の被爆者救済も焦点となる。〈本文記事1面〉

■住民の苦しみ

「黒い雨を浴びたと、やっと認めてもらえた。これまでの闘いが実った」。ニュース速報で上告断念を知った広島市の本毛稔さん(81)は喜んだ。

5歳の時、爆心地から約20キロ離れた自宅そばの畑で農作業を手伝っていた際に雨を浴びたが自宅前の川を境に援護区域外とされた。1、2審とも勝訴したが、国が一時上告の意向を示したこともあり、「(高裁判決後の)2週間は本当に長かった」と心境を明かした。

原告らは高齢化しており、提訴後に19人が亡くなった。その一人で85歳で死亡した前田博明さんの訴訟を引き継いだ長男の謙二さん(59)は「父が生きている間に喜びを分かち合いたかった。国はなぜもっと早く決断できなかったのか」と複雑な胸の内を語った。

訴訟では❷被告となっていた広島市と広島県の担当者らも、上告断念が決まったことを安堵《あんど》した。

市と県は国に代わって❸原告らの被爆者健康手帳の交付業務を任されているため、今回の訴訟では被告となったが、提訴される前から「黒い雨」体験者の救済に取り組み、高裁判決後も上告しないことを認めるよう求めてきた。

26日に首相に直談判に向かった湯崎英彦知事は面会後、「直前になってお会いしてくれることになり、『ひょっとしたら』との思いもあった」と明かした。

急転直下の朗報に、県幹部は「県市が一体となって訴えたことで、被害者の苦しみがようやく伝わったのだろう」と語った。

■1万3000人

一方、高裁判決で認定された黒い雨の降った区域は、現行の援護区域の6倍の広さだ。広島市によると、この広範囲区域にいた生存者は昨年時点で約1万3000人にのぼる。菅首相は原告と同様の事情を抱える人たちの救済に言及しており、原告以外の広範囲区域にいた人たちも被爆者と認定され、医療費が無料になる被爆者健康手帳が交付される可能性が高い。

また、現行制度では、援護区域内にいて、がんなど11の疾病になった場合が対象だったが、今後は病気を発症していなくても手帳の交付が受けられる可能性がある。

さらに、長崎地裁では、国が定めた被爆地域外で長崎原爆に遭い、内部被曝《ひばく》による急性症状が出ているとして、健康手帳の交付を求める訴訟が起きている。14日の広島高裁判決は、黒い雨を直接浴びていなくても、放射性物質を含んだ水や食品を体内に取り込む内部被曝も該当すると認めたことから、長崎の原告らも救済に期待を寄せている。

黒い雨の降雨地域と原告らがいた地点(「•」は原告)

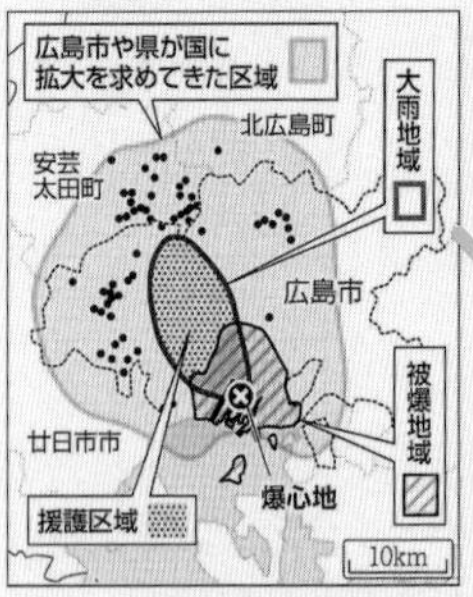

※原告弁護団の資料に基づく

「黒い雨」を巡る経緯

1945年8月6日	広島市に原爆投下。直後に黒い雨が降る
8~12月	広島管区気象台(当時)の技師らが黒い雨の降雨範囲を調査
76年9月	国が大雨地域の一部を援護区域に指定
78年11月	援護区域外の住民が黒い雨原爆被害者の会連絡協議会を設立
89年2月	気象研究所の元職員が降雨範囲は45年調査の約4倍と発表
2010年7月	県と市が独自の雨域調査に基づき、援護区域を6倍に拡大するよう国に求める
15年11月	援護区域外の住民が広島地裁に集団提訴
20年7月29日	広島地裁が原告全員を「被爆者」と認定する判決
8月12日	国と県、市が広島高裁に控訴
11月16日	厚生労働省の専門家会議初会合
21年7月14日	広島高裁が原告勝訴とする判決
26日	国が上告を断念

▼菅首相と面会後、記者団の質問に答える湯崎英彦・広島県知事(右から2人目)と松井一実・広島市長(右)(26日午後、首相官邸で)

(「読売新聞」2021年7月27日付)

CHECK
2021年に発効された国際連合の核兵器《かくへいき》禁止条約には、日本語の「ヒバクシャ」が明記されている。
→P80参照

重要語句

❶原告
民事裁判における訴《うった》える側。

❷被告
民事裁判における訴えられる側。

❸被爆者《ひばくしゃ》健康手帳
国が援護《えんご》の対象とする地域《ちいき》で黒い雨を浴び、がんなどになった住民を被爆者と認定して交付される。医療費《いりょうひ》の自己負担《じこふたん》が無料になる。

❹与党《よとう》
政権《せいけん》を担当する政党。

❺バラク・オバマ
アメリカ元大統領。2期8年にわたって大統領を務めた。チェコのプラハで核廃絶《かくはいぜつ》に向けた演説を行うなど、「核兵器のない世界」を訴《うった》えつづけたことが評価され、大統領に就任《しゅうにん》した2009年にノーベル平和賞を受賞している。

❻バチカン市国
イタリア・ローマ市内に位置するカトリックの総本山で、世界最小の独立国家。国際連合非加盟《かめい》国としても知られる。

広島・長崎に続く3度目の被爆となった第五福竜丸《ふくりゅうまる》事件
1954年、アメリカ軍によるビキニ環礁《かんしょう》で行われた水素爆弾《ばくだん》の実験に、焼津《やいづ》港の漁船・第五福竜丸が巻《ま》きこまれ、船員が被爆した。この事件をきっかけに反核運動が高まり、1955年には広島市で第1回原水爆禁止世界大会が行われた。

記事のポイント

「黒い雨」をめぐる、人々の訴え

2021年7月、広島高等裁判所は、広島に原子爆弾が投下された直後に降《ふ》った放射《ほうしゃ》性物質を含《ふく》んだ雨（いわゆる「黒い雨」）を浴び、健康被害を受けたとする住民らが❶原告となって起こした裁判について、原告の訴えを認《みと》め、84人（うち19人は判決までに逝去《せいきょ》）の原告に❸被爆者健康手帳の交付を認める判決を下しました。**今回の裁判における原告は、かつて国が定めた被爆者援護制度の対象外となった人々でした。**今回の判決では、「黒い雨」を浴びていなくても、空気中に滞留《たいりゅう》する放射性微粒子《びりゅうし》を吸《す》いこむなどして体内に取《と》りこんだことが否定《ひてい》できなければ、内部被曝《ひばく》による健康被害を受ける可能性があることが指摘《してき》されました。つまり、これまでよりも被爆者として認定される基準が緩《ゆる》やかになったのです。

国が上告を断念し、原告の勝訴が確定

当初、国は広島高裁の判決を不服とし、広島県・広島市に対して最高裁判所への上告を希望しましたが、方針《ほうしん》を一転し、上告を断念しました。

法務省からは「判決に従《したが》えば、被爆者の範囲《はんい》が限りなく広がる」などの意見もありましたが、人道的見地から菅首相《すがしゅしょう》（当時）が上告断念を判断しました。

菅首相は会見で「（原爆の被害にあわれた）多くの方が高齢者《こうれいしゃ》で、病気をお持ちの方もいる。速《すみ》やかに救済《きゅうさい》させていただくべきだとの考えにいたった」と説明しました。これについては、衆議院《しゅうぎいん》議員総選挙を控《ひか》えた2021年7月時点での菅内閣《ないかく》（当時）の支持率低下などをふまえ、上告を行ったら選挙で❹与党が不利になると思われたからではないか、とする見方もありました。

ここも勉強しよう！

進む被爆者の高齢化

広島・長崎への原爆投下から76年を迎《むか》えました。原爆投下当時の様子を知る人は減りつつあり、被爆体験を次の世代へと語り継《つ》ぐことが急がれています。

2016年には❺バラク・オバマ氏がアメリカの現職大統領（当時）として初めて広島を訪問《ほうもん》しました。また、2019年には❻バチカン市国のフランシスコ教皇《きょうこう》が、ローマ教皇としては38年ぶりに来日し、長崎・広島を訪問しました。

また、東京オリンピックの直前にIOCのバッハ会長が東京から広島を訪問した際は、新型コロナ対策として緊急《きんきゅう》事態宣言《せんげん》下にあった東京都からの移動を非難《ひなん》する声があがりました。

被爆者が受けた差別と訴え

広島・長崎で被爆した人たちのなかには、被爆に起因すると思われる病気で苦しむだけでなく、就職《しゅうしょく》や結婚《けっこん》などにおいて偏見《へんけん》を持たれたり、差別されたりした人もいました。実在の人物の日記や手記をもとに書かれた井伏鱒二《いぶせますじ》の小説『黒い雨』は、原爆による黒い雨を浴びて被爆した女性をめぐる、当時の世の中の様子を垣間見《かいまみ》ることができます。

1955年には初めて国を相手に損害賠償《ばいしょう》を求める原爆裁判が始まりました。この裁判では国の損害賠償は認められませんでしたが、アメリカによる原爆投下を国際法に違反《いはん》していると認定しました。被爆者の治療費《ちりょうひ》を国が負担する法律《ほうりつ》は1957年に初めて制定され、1968年には被爆者に健康管理手当を支給する法律が制定されました。これらの法律によって定められた被爆者への援護は、1994年に制定された被爆者援護法に引き継がれています。

東日本大《だい》震《しん》災《さい》から10年

東日本大震災10年

津波被災地❶インフラ膨張

上下水道・道路 維持費年131億円増

2万2000人を超す死者・行方不明者を出した東日本大震災から11日で10年となる。津波で被災した岩手、宮城、福島3県で行われた高台への集団移転は計約1万2500戸が対象となる大事業となった。しかし、宅地開発に伴って、インフラの新設を余儀なくされ、上下水道と道路の維持管理費は震災前より年間131億円（50%）増えた。人口減少が続く被災地では、費用の捻出が課題となる。

〈関連記事3面〉

本紙調査 高台移転要因

かさ上げ地 明と暗

東日本大震災で10㍍を超す津波が襲い、中心部が壊滅的な被害を受けた岩手県陸前高田市は10日夜、新たな市街地に煌々《こうこう》と光がともっていた＝写真、上甲鉄撮影＝。高さ約10㍍に土を盛って地盤を高くする「かさ上げ」で造られた新市街地の中心に位置するのは、2017年にオープンした商業施設「アバッセたかた」。周辺に空き地も多いものの、にぎわいを見せつつある。

一方、かつて住宅や商店が軒を連ねた海側の平らな土地には暗闇が広がる。その中にぽつんと残るのは、「米沢商会ビル」。津波は鉄筋3階の屋上まで押し寄せ、所有者の男性は煙突に上り、助かった。

周囲の建物は取り壊されたが、震災遺構として保存されている。

読売新聞は1～2月、3県の沿岸37市町村を取材、上下水道と道路の延長や維持管理費を震災前後で比較した。その結果、簡易水道を含む上水道が1081キロ（8%）、下水道が997キロ（10%）、市町村管理の道路が613キロ（3%）増えたことがわかった。三つの総延長は2691キロで、東京―グアム間を超える距離になる。

被災地では地盤を高くし、現地再建する「かさ上げ」などの復興事業が行われた。高台移転は造成した住宅地へ水道管や道路をつなげる必要があり、距離が増えた。

県別にみると、宮城県が上下水道、道路とも最も距離が伸びていた。高台や内陸に移転した地区は186で、岩手県の88、福島県の47より多かった。

被災した上下水道管や道路の復旧費や新設費は、復興交付金などの国費で賄われた。一方、維持管理費は自治体の負担になる。

上下水道と道路を40年後に更新した場合の費用を算出していた自治体は34市町村あり、その総額は2兆2305億円に上る。34市町村の2018年度予算の歳入額の合計（1兆9084億円）を上回る。人口減が続く被災地の自治体からは「市民税や固定資産税の収入が減り、新たな予算の確保は難しい」（岩手県大船渡市）との声が上がる。

一方、東京電力福島第一原発事故の避難指示区域が残る福島県大熊町では、下水道管の93%にあたる65キロが休止になった。放射性物質で汚染された土砂を一時保管する中間貯蔵施設（約1600㌶）が住宅地跡に建設されたためだ。

自治体施設の維持管理に詳しい岩手大の南正昭教授（都市計画）は「この10年間は、街の生活機能を復活させる必要があった。今後はインフラ維持にかかる費用を下げる努力が自治体に求められる。中長期的に街の機能を集約することなども考えるべきだ」と話す。

3県で増えたインフラの総延長

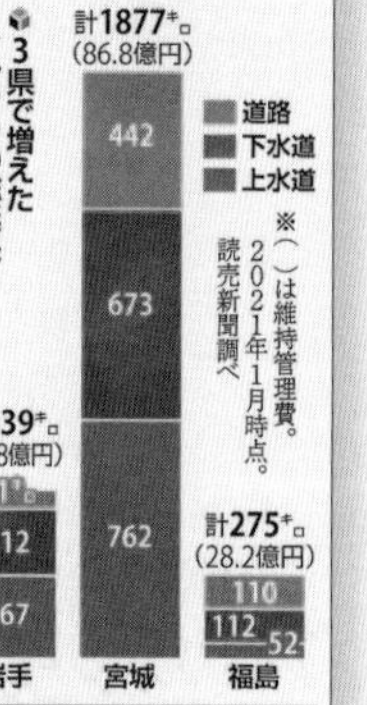

※（ ）は維持管理費。2021年1月時点。読売新聞調べ

東日本大震災 規模と被害

発生	2011年3月11日午後2時46分
震源地	三陸沖、深さ24キロ
規模❷	マグニチュード9.0/最大震度7
死者	1万5899人
行方不明者	2526人（3人減）
震災関連死	3775人（18人増）
住宅の全半壊	40万5117戸
避難者	4万1241人（6496人減）

警察庁、各県などの最新データから。カッコ内の人数はこの1年での増減、死者数は変わらず

（「読売新聞」2021年3月11日付）

CHECK

仙台《せんだい》平野が広がる宮城県は、被災《ひさい》3県のうち海沿《うみぞ》いにも集落が多かったため、❶インフラ総延長《そうえんちょう》の増加がほか2県より多い。

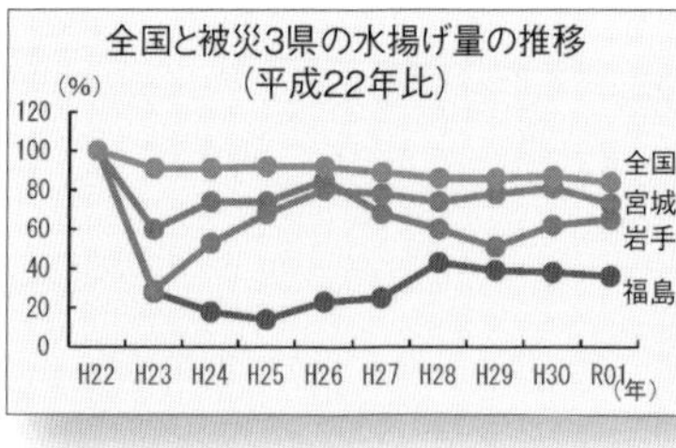

（復興庁HPより）

重要語句

❶インフラ（インフラストラクチャー）

暮《く》らしや経済《けいざい》を支える基盤《きばん》となる電気・水道・ガスの供給網《きょうきゅうもう》や鉄道などの交通網《こうつうもう》、病院や公園といった施《し》設《せつ》のこと。

❷マグニチュード

地震の規模《きぼ》を表す数字。マグニチュードが1増えると、地震のエネルギーは約31.6倍にもなる。なお、地震の揺《ゆ》れの強さは「震度」で表す。

❸小売店

スーパーマーケットやコンビニエンスストアなど、商品を消費者へ販売《はんばい》する店。

❹南海トラフ地震

ユーラシアプレートの下にフィリピン海プレートが沈《しず》みこむことで生じるひずみが原因で起こる巨大《きょだい》地震。四国沖《おき》の南海地震、紀《き》伊《い》半島沖の東南海地震、静岡《しずおか》県沖の東海地震が連動して起こる可能性を想定している。

発電エネルギー源《げん》の割合《わりあい》

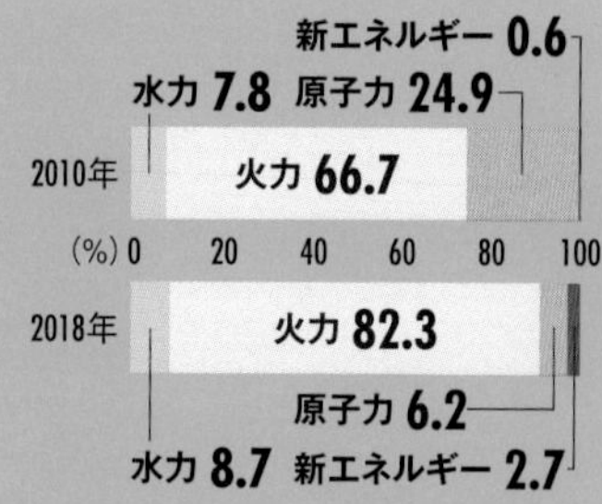

※「日本のすがた2021」より
※新エネルギーとは、風力、太陽光、地熱などのこと。再生可能エネルギーは新エネルギーと水力発電があてはまる。

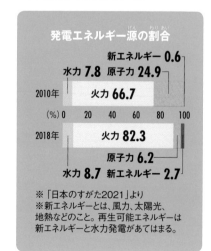

記事のポイント

東日本大震災による避難《ひなん》は今も続く

2011年3月11日午後2時46分、三陸沖で[2]マグニチュード9.0の地震《じしん》が発生しました。この地震につづいて午後3時ごろから4時ごろにかけて最大約16m（岩手県大船渡《おおふなと》市における推計《すいけい》）もの高さの津波《つなみ》が発生し、東日本の太平洋側地域《ちいき》を中心に大きな被《ひ》害《がい》を受けました。また、東京電力福島第一原子力発電所が地震や津波によって被害を受け、放射能《ほうしゃのう》がもれる事故が起こりました。東日本大震災による死者・行方《ゆくえ》不明者は約1万8400人にのぼります。約12万棟もの建物が全壊《ぜんかい》し、震災直後には約47万人もの人が避難を余儀《よぎ》なくされました。

2021年現在、福島第一原子力発電所の周辺の帰還困難区域《きかんこんなんくいき》の住民を含《ふく》め、約4万人もの人が避難を続けています。応急仮設住宅《じゅうたく》に住む方々もまだいらっしゃいます。

復興への取り組みを経て

震災の翌年《よくねん》（2012年）には復興庁《ふっこうちょう》が発足《ほっそく》しました。また、2011年度から2019年度にかけて、約37兆円もの復興関連予算が使われました。**津波の被害を受けた沿岸部の集落・道路・鉄道のなかには高台へ移転して、再建されたところもあります。水産業や観光業がさかんな地域では、産業に関する施設のみ津波によって浸水《しんすい》したもとの場所に再建した事例（職住分離《ぶんり》）もみられます。**しかし、被災地のなかでも、もともと過疎《かそ》地域だったところなどは道路や土地の整備が完了《かんりょう》しても、避難した住民が避難先の都市部などにそのまま定住する人も多く、人口が以前の半分程度に落《お》ちこんだ事例もみられます。

ここも勉強しよう！

福島の農業・漁業への風評被害

東京電力福島第一原子力発電所の事故などから根拠《こんきょ》のないうわさが広がり、一部の人からは福島県産の農水産物を避《さ》けようとする声が出まわるようになりました。また、現在も一部の国では日本産の食料品の輸入に制限をかけています。しかし、国内の[3]小売店で出まわっているこれらの農作物や水産物は通常よりも厳《きび》しい基準の検査をクリアしており、安全が確保されています。

政府と東京電力は「関係者の理解なしには処理《しょり》された水のいかなる処分も行わない」としていました。しかし、2021年4月、福島第一原発から排出《はいしゅつ》された放射性物質のトリチウムを含む100万t以上の処理水を、福島県沖の太平洋に放出する計画が政府によって承認《しょうにん》されました。処理水は飲料水と同程度のきれいさ（WHOの飲料水質ガイドラインの7分の1程度）までうすめられた上で放出されることとされていますが、漁業関係者からは風評被害の広がりなどを心配する声や反対意見が相次いでいます。

危《あや》ぶまれる[4]南海トラフ地震

西日本の太平洋側の沖合《おきあい》約100kmの海底にある、延長約700kmの溝《みぞ》を「南海トラフ」とよびます。ここではフィリピン海プレートがユーラシアプレートの下に沈みこむことで少しずつひずみが生じます。ひずみが限界に達するとユーラシアプレートがはね上がり、過去に何度も起こった巨大地震の原因となります。

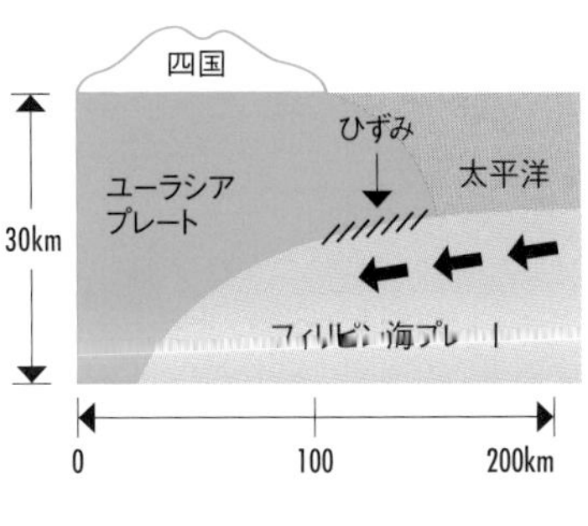

この記事もチェックしておこう！

デジタル庁《ちょう》が発《ほっ》足《そく》

「脱《だつ》ハンコ」の取り組み

日本では手続きなどで書類に押《おう》印《いん》（ハンコを押《お》すこと）が必要な場合が多い。しかし、近年は情報を紙などではなくコンピューター上で扱《あつか》うようになってきたなか、押印の習慣が情報のデジタル化の妨《さまた》げとなっていた。新型コロナウイルスの流行をきっかけに、政府は書類等における押印を不要とする「脱ハンコ」を推進《すいしん》するよう企業《きぎょう》などに働きかけている。なお、コンピューター上で使用できる、電子データ化されたハンコにも注目が集まっている。

デジタル庁 9月に誕生

社会 菅義偉《すがよしひで》首相が看板政策に掲げる「デジタル庁」の創設が、9月に実現することになった。社会全体のデジタル化を推進する司令塔《しれいとう》として、行政機関のシステム統一などを通じ、私たちの暮らしをより便利にする役割を担う。

国と地方 情報システム統一目指す

デジタル庁の仕事の中心は、国と地方自治体の情報システムの統一だ。これまで別々に作られていたシステムをまとめて運用することで、情報の共有や連携を図り、行政サービスの充実につなげる狙いがある。

デジタル化推進のカギとなるマイナンバー制度?の活用にも力を入れる。「マイナンバーカード」を行き渡らせるために運転免許証と一体化したり、マイナンバーと銀行口座をひもづけて災害時などの現金給付がスムーズにできるようにしたりする。

オンライン化 進める

また、学校のオンライン授業、医療におけるオンライン診療なども、関係省庁と連携して普及に努める。

そうした多岐《たき》にわたる分野でデジタル化改革を進めるために、デジタル庁には他の省庁に対して強い権限が与えられる。さまざまな役所の権限が絡《から》み合い、改革が前に進まなくなることを避《さ》ける目的がある。デジタル化に関する改革は、どの省庁が担当する事業でも、デジタル庁が関わることで推進力を強める。

一方、組織の上でもデジタル庁は内閣の直属で、菅首相が自らトップに就《つ》き、その下に担当大臣（デジタル大臣）が置かれる。民間人の活用も積極的に進め、500人規模の全職員のうち、100人以上は民間の技術者などを採用する方針だ。事務方トップの「デジタル監」にも民間人を起用するという。

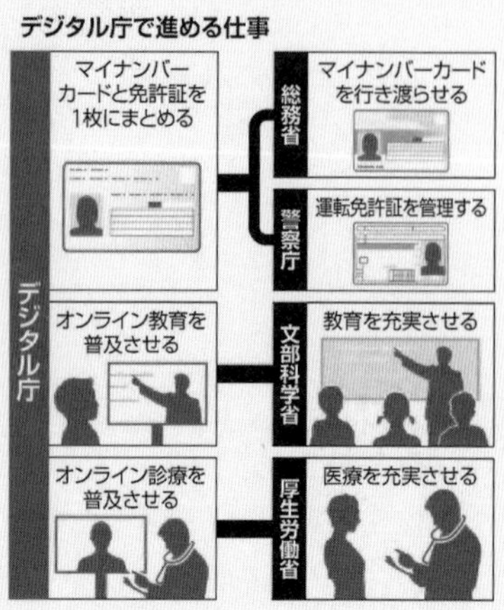

菅首相はデジタル庁創設の関連法成立を受け、「長年の懸案《けんあん》だった我が国のデジタル化にとって、大きな歩みになる」と強調した。

（「読売中高生新聞」2021年5月21日付）

CHECK
国民1人ひとりに与《あた》えられる12ケタの個人番号（マイナンバー）は、行政手続きにおける特定の個人を識別する。2021年8月末時点のマイナンバーカード取得率は37.6%。

CHECK
デジタル庁のそれぞれの仕事がどの省庁とかかわりがあるかを確認《かくにん》しよう。

行政のデジタル化を進める

コンピューターの良いところは、大量の情報を整理し、取り出せることです。このことから国や**地方公共団体**ではコンピューターで情報を扱うためのデジタル化を進めていますが、各省庁や地方公共団体が独自に進めていたため、効率の悪さが指摘《してき》されていました。

2021年9月にはデジタル庁が発足しました。デジタル庁では国と地方公共団体の情報システムの統一、役所での手続き（戸籍《こせき》の変更《へんこう》や年金の申請など）をコンピューター上で行えるようにするための行政のデジタル化やシステムの構築、ほかにもデジタル庁がかかわる業務は多岐《たき》にわたります。様々な分野における改革《かいかく》を目指すため、デジタル庁には強い権限《けんげん》が与《あた》えられています。

地方公共団体（地方自治体）
都道府県や市町村のこと（東京都の特別区も含《ふく》まれる）。2021年現在、日本には約1700の市町村がある。

1972年の出来事を振《ふ》り返る

札幌オリンピック開く
白銀に競う世界の青春
空も晴れ 友情の行進力強く
最高の大会

70メートルジャンプ
日の丸３本高々と
笠谷、初の金メダル
冬季五輪史に偉業
「銀」は金野、「銅」は青地

（「読売新聞」1972年2月3日付、2月7日付）

1972年札幌《さっぽろ》オリンピック

1972年2月、アジア初となる冬季オリンピックが開催《かいさい》された。幻《まぼろし》となった1940年東京オリンピック（夏季）とともに、1940年札幌オリンピック（冬季）もまた、日中戦争により開催権《かいさいけん》が返上された。活躍《かつやく》したスキージャンプ日本代表の選手たちは「日の丸飛行隊」と称《しょう》され、注目を集めた。

那覇、東京で復帰記念式典

（「読売新聞」1972年5月15日付）

沖縄の本土復帰

1972年5月、沖縄の施政権《しせいけん》がアメリカから日本へ返還《へんかん》された。沖縄の本土復帰を果たした5月15日、東京では記念式典が開かれ、天皇《てんのう》・皇后《こうごう》両陛下《へいか》が出席され、佐藤栄作首相が式辞を述べた。返還は果たされたもののアメリカ軍基地は残り、返還当時はベトナム戦争の最中で、沖縄の在日アメリカ軍基地からは出撃《しゅつげき》する爆撃《ばくげき》機《き》の爆音が轟《とどろ》いた。

国連人間環境《かんきょう》会議

1972年6月、スウェーデンの首都ストックホルムで開催された。世界初となる環境問題をテーマにした大規模《だいきぼ》な国際会議として知られる。会議の結果、UNEP《ユネップ》（国連環境計画）の設置につながった。「かけがえのない地球」のスローガンが有名。会議が開催された6月5日は、現在では「世界環境デー（環境の日）」という記念日となっている。

全人類が国境越えて
軍備汚染も抑圧を
ワ国連事務総長が開会あいさつ
国連環境会議始まる
〝環境の10年〟を提唱

（「読売新聞」1972年6月6日付）

日中国交ひらく
事実上の不戦宣言

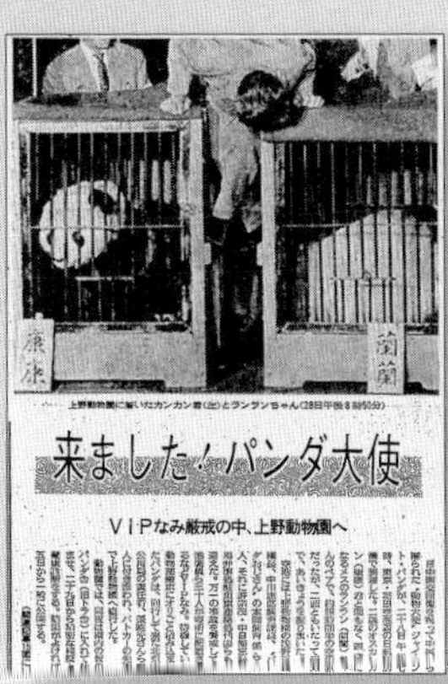
来ました！パンダ大使
VIPなみ厳戒の中、上野動物園へ

（「読売新聞」1972年9月29日付、10月29日付）

日中国交正常化

1972年9月29日、中国・北京で田中角栄《かくえい》首相が中国の周恩来《しゅうおんらい》首相と会談し、日中共同声明が発表された。その後、日中友好の証《あか》しとして中国からやってきたパンダが東京・上野動物園で公開され、人気を博した。

三《さん》権《けん》分立・人権尊《そん》重《ちょう》の歴史

権力が特定の機関に集中したり、乱用されたりすることを防ぐため、
それぞれの機関（国会・内《ない》閣《かく》・裁《さい》判《ばん》所《しょ》）が互《たが》いにチェックし合う体制を三権分立といいます。
権力が特定の機関に集中することを防ぐことで、国民の権利や自由が守られています。

基本的人権について

日本国憲《けん》法《ぽう》の三大原則の1つ、「基本的人権の尊重」では、自由権・平等権・社会権など基本的人権を守るための権利がそれぞれ保《ほ》障《しょう》されています。これらの権利は、現代を生きるわたしたちにとっては当たり前のことかもしれませんが、様々な権利は長い歴史の中で少しずつ獲《かく》得《とく》されてきたものです。（下の年表参照）

三権分立

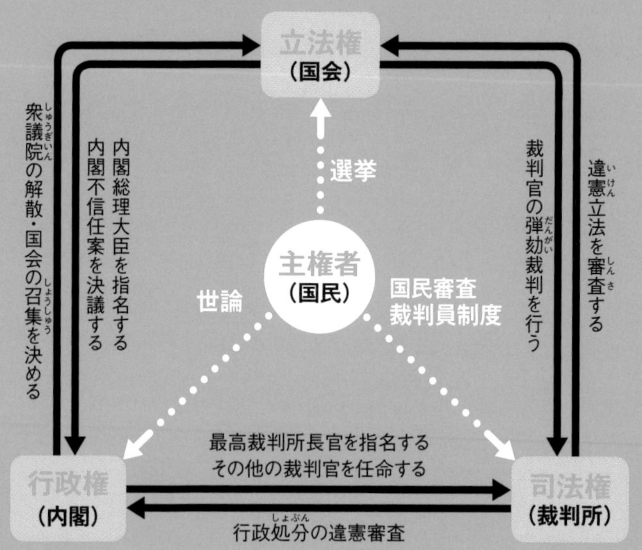

人権尊重の歴史

1215年	マグナ・カルタの発布（イギリス） ～貴《き》族《ぞく》が国王に、王権の制限を認《みと》めさせた。
1689年	権利章典の発布（イギリス） ～ 議会により、王権の制限などを定めた。
1776年	アメリカ独立宣《せん》言《げん》 ～基本的人権や人民主権の政府などの保障。
1789年	フランス人権宣言 ～自由権・平等権、国民主権など、様々な権利を保障した。
1863年	奴《ど》隷《れい》解放宣言（アメリカ） ～南北戦争の際に行われたリンカーン大統領の演説によるもの。
1889年	大日本帝国憲法の発布 ～東アジア初の憲法。主権者は天《てん》皇《のう》で、国民は「臣民」とされた。 基本的人権は法《ほう》律《りつ》の範《はん》囲《い》内で認められたが、 治安維《い》持《じ》法（1925年）など、制限が加えられた事例もみられた。
1919年	ワイマール憲法の公布（ドイツ） ～第1次世界大戦の敗戦国ドイツでは、初めて社会権が認められた。
1945年	国際連合の設立 ～のちに、「世界人権宣言」「人種差別撤《てっ》廃《ぱい》条約」 「子どもの権利条約」などをつくった。

CHECK

力で国民を支配する統治は、あらゆる時代、あらゆる国々で争いをもたらした。

一問一答にチャレンジ

1 2021年10月に就任《しゅうにん》した100代目の内閣《ないかく》総理大臣はだれですか。

2 衆議院《しゅうぎいん》の議員定数は何人ですか。

3 衆議院議員の被《ひ》選挙権《けん》は何歳《さい》以上ですか。

4 選挙の投票日に投票に行けない人が事前に投票を行う制度を何といいますか。

5 同じ得票数でも選挙区によって選挙結果が異《こと》なる問題を何といいますか。

6 2022年4月から成年年齢《ねんれい》は何歳になりますか。

7 2022年4月の成年年齢変更《へんこう》後も引き続き20歳まで認《みと》められないものとしてまちがっているものを次から選び、記号で答えなさい。 **ア** タバコを吸《す》うこと
イ クレジットカードをつくること **ウ** お酒を飲むこと

8 明治時代に定められた、財産や家族に関する法律《ほうりつ》を何といいますか。

9 第1審《しん》の裁判《さいばん》の判決に納得《なっとく》がいかず、第2審の裁判所に訴《うった》えることを何といいますか。

10 東日本大震災《だいしんさい》で津波《つなみ》による被害《ひがい》を受けた漁港が多く見られる、東北地方に位置するリアス海岸を何といいますか。

11 西日本の太平洋側の沖合約100㎞の海底にある、延長《えんちょう》約700㎞の溝《みぞ》を何といいますか。

12 広島に原子爆弾《ばくだん》が投下された年月日を答えなさい。

13 広島・長崎において原子爆弾投下後に降《ふ》った「黒い雨」に含《ふく》まれる、被《ひ》ばくの原因となるものは何ですか。

14 2021年9月に誕生《たんじょう》した、行政のＩＴ化を進めるための中央省庁《しょうちょう》を何といいますか。

15 1972年の出来事としてまちがっているものを次から選び、記号で答えなさい。 **ア** 日中国交正常化
イ 札幌《さっぽろ》オリンピック **ウ** 大阪万博《ばんぱく》 **エ** 沖縄返還《へんかん》

2022年 入試予想問題

1 次の文章を読んで、あとの問いに答えなさい。

少子高齢化《こうれいか》が進み、①有権者《ゆうけんしゃ》に占《し》める若者《わかもの》の割合《わりあい》が徐々《じょじょ》に減少しています。このようななか、2015 年に法改正が行われ、満 18 歳《さい》以上の男女に選挙権が与《あた》えられました。これを受け、高校などでは主権者教育が積極的に行われるようになりました。その後、2016 年・(　A　) 年には参議院議員通常選挙が行われ、2017 年には衆議院《しゅうぎいん》議員総選挙が行われました。

2021 年 10 月 31 日には②第 49 回衆議院議員総選挙が行われ、(　B　) 議席が改選されます。今回の選挙では、新型コロナウイルス対応や③国内政治などが争点となるとみられています。この選挙では、④与党《よとう》が過半数の議席を獲得できるかなどが焦点《しょうてん》となっています。また、国民の政治に対する無関心や不信が投票率の低下につながらないか危惧《きぐ》する声もあがっています。

問 1　下線部①について、日本における国政選挙の選挙権の移り変わりについて表した右の［表］を見て、次の問いに答えなさい。

［表］

法律《ほうりつ》の制定（改正）年	選挙権
あ1889年	直接国税（　Ⅰ　）円以上を納《おさ》める満25歳以上の男子
1900年	直接国税10円以上を納める満25歳以上の男子
い1919年	直接国税3円以上を納める満25歳以上の男子
1925年	（　Ⅱ　）
1945年	満20歳以上の男女
2015年	満18歳以上の男女

(1)　下線部あについて、この年に発布された大日本帝国憲法《ていこくけんぽう》において規定され、1890 年に初めて開催《かいさい》された帝国議会は衆議院ともう１つの議院によって構成されました。このもう１つの議院を何といいますか。

(2)　下線部いについて、「平民宰相《さいしょう》」として人気を博したこのころの内閣《ないかく》総理大臣はだれですか。

(3)　(　Ⅰ　) にあてはまる数字と (　Ⅱ　) にあてはまる選挙権を有した人々をそれぞれ答えなさい。

問 2　下線部②について、次の問いに答えなさい。

(1)　現在の衆議院議員総選挙では小選挙区の立候補者《りっこうほしゃ》が比例代表としても立候補できる「小選挙区比例代表並立制」が採用されています。このうち、小選挙区制の問題点を説明しなさい。

(2)　衆議院議員の任期は何年ですか。

(3)　衆議院議員総選挙と同時に「最高裁判所《さいばんしょ》裁判官（　※　）」が実施される予定です。（　※　）にあてはまる語句を漢字４字で答えなさい。

問 3　下線部③について、2021 年７月、菅義偉《すがよしひで》内閣総理大臣（当時）は「黒い雨訴訟」について、上告を断念する方針《ほうしん》を発表し、判決が確定しました。この判決を出した裁判所を解答欄《らん》に合わせて答えなさい。

問4　下線部④について、2021年9月現在、与党となっている政党を次からすべて選び、記号で答えなさい。

ア．自由民主党　　イ．立憲《りっけん》民主党　　ウ．日本維新《いしん》の会　　エ．日本共産党　　オ．公明党

問5　（　A　）・（　B　）にあてはまる数字をそれぞれ答えなさい。

2　次の文章を読んで、あとの問いに答えなさい。

けんた「お父さん、①民法が改正されて、（　あ　）年の４月から②成年年齢《ねんれい》が引き下げられるそうだね。」

父　「明治29年（1896年）以来の民法の改正だね。しかし、最近は、③憲法《けんぽう》改正の是非《ぜひ》を問う国民（　い　）の選挙権年齢や④公職選挙法の選挙権年齢なども引き下げられたからね。」

けんた「成年に達するとどんなことが可能になるのかな。」

父　「親の同意がなくても携帯《けいたい》電話の契約《けいやく》ができるようになるよ。⑤そのほかにもいろいろ変更《へんこう》されているね。」

けんた「たばこは吸《す》えるの？」

父　「たばこが買える年齢は今まで通りだよ。受動喫煙対策《きつえんたいさく》として、2020年４月から飲食店やオフィスなどでは（　⑥　）が義務化になったんだ。」

問1　文章中の（　あ　）（　い　）にあてはまる語句・数字を答えなさい。

問2　下線部①について、民法を管轄《かんかつ》する省庁《しょうちょう》の名前を答えなさい。

問3　下線部②について、成年年齢は現行の20歳から何歳に引き下げられますか。

問4　下線部③について、憲法改正の手続きを規定した日本国憲法の条文として正しいものを次から選び、記号で答えなさい。

ア．第7条　　イ．第9条　　ウ．第25条　　エ．第96条

問5　下線部④について、選挙を管掌《かんしょう》しているのは総務省です。総務省に属する役所として正しいものを次から選び、記号で答えなさい。

ア．消防庁　　イ．警察《けいさつ》庁　　ウ．文化庁　　エ．観光庁

問6　下線部⑤について、今回の成年年齢の変更や関連することがらについて述べた文として誤《あやま》っているものを次から選び、記号で答えなさい。

ア．女性の結婚《けっこん》年齢が現行の16歳から引き上げられ、男女とも18歳に変更《へんこう》される。

イ．公的年金の保険料の納付開始年齢は変更されず、現行と同じ年齢のままとなる。

ウ．成年になることで飲酒や競馬の投票券購入《けんこうにゅう》などが可能になる。

エ．様々な契約を結ぶことができる年齢が変更される。

問7　（　⑥　）にあてはまる語を漢字２字で答えなさい。

3 次の文章を読んで、あとの問いに答えなさい。

（ ① ）とは、身体的な男女の差ではなく、男の子はこうするべき、女の子はこうあるべきという決めつけからつくられた社会的な役割分担《やくわりぶんたん》のことです。例えば、②世界には「女子に教育は不要」とし、学校に行かせてもらえない国があります。日本でも、③戦前は女性の選挙権《けん》は否定《ひてい》され、政治的な活動も禁止されていました。また、女性には財産権や親権などが認《みと》められず、家の相続は男性が優先《ゆうせん》されました。一方で、男性にのみ兵役が課されるなど本人の向き不向きにかかわらない、性別による役割の決めつけが行われていたのです。

戦後成立した日本国憲法《けんぽう》では、男女の本質的な平等が認められました。しかし、④男性が育児休暇《きゅうか》（育休）を取得したり、女性が結婚や出産後も仕事を続けたりすることは難《むずか》しい状況《じょうきょう》が続きました。そこで、男女が平等に働くことができる社会を実現するために（ ⑤ ）が成立し、女性の社会進出の後押《あとお》しとなりました。しかし、2019 年度の育休取得率は女性がおよそ８割に上るのに対し、男性は１割未満にとどまっており、政府が目標とする数値《すうち》には程《ほど》遠い状況です。また、2021 年に発表された（ ① ）ギャップ指数において日本は 156 か国中 120 位でした。

問１ （ ① ）について、次の問いに答えなさい。

（1） （ ① ）にあてはまる言葉を、カタカナ５字で答えなさい。

（2） （ ① ）に関連して、新たな性の考え方として近年広まりつつある、生まれつきの性別ではなく、からだと心の性が異《こと》なる人や恋愛《れんあい》対象が同じ性別の人だったりする人々を表す言葉は何ですか。アルファベット大文字４字で答えなさい。

問２ 下線部②について、このような地域《ちいき》で生まれ育った当時 17 歳の少女が 2014 年にノーベル平和賞を受賞しました。この人物を次から選び、記号で答えなさい。

ア．マララ・ユスフザイ　　イ．ワンガリ・マータイ　　ウ．アウン・サン・スー・チー

問３ 下線部③について、このような差別に立ち向かい、女性の権利を得るために活躍《かつやく》した人たちがいます。このことについて、次の問いに答えなさい。

（1） 次の文は、青鞜社《せいとうしゃ》を結成し、女流文学の発展《はってん》や女性の解放を目指した平塚《ひらつか》らいてうが雑誌《ざっし》「青鞜」の創《そう》刊《かん》号発刊の際に寄せた文です。次の文中の（ Ａ ）と（ Ｂ ）にあてはまる語句として正しいものをあとから選び、それぞれ記号で答えなさい。

元始、女性は実に（ Ａ ）であった。真正の人であった。今、女性は（ Ｂ ）である。

ア．熱　　イ．太陽　　ウ．光　　エ．月

（2） 平塚らいてうとともに活躍し、新婦人協会の設立にかかわるなど積極的に女性参政権獲得《かくとく》運動を行った人物の名前を漢字４字で答えなさい。

問４ 下線部④について、仕事を続けながら結婚・出産・子育てや介護《かいご》を両立できる持続可能で安心できる社会をつくるために「育児・介護休業法」が制定されました。この法律《ほうりつ》では、育児・出産や介護のための制度を利用した際における周囲の人々の嫌《いや》がらせや、不当な解雇《かいこ》や異動《いどう》を行うことを禁止しています。このように業務内容の範囲《はんい》をこえて嫌がらせをする行為を何といいますか。カタカナ６字で答えなさい。

問５ （ ⑤ ）について、男女が平等に働く社会を実現するために 1985 年に制定した法律を何といいますか。

1 解答欄《らん》

問1	(1)			(2)	
	(3)	Ⅰ	円	Ⅱ	

問2	(1)							
	(2)	年	(3)					

問3	裁判所《さいばんしょ》

問4		問5	A	年	B	議席	

2 解答欄

問1	あ	年	い		問2	

問3	歳	問4		問5		問6		問7			

3 解答欄

問1	(1)						(2)				問2	

問3	(1)	A		B		(2)			

問4							問5	

適性検査・表現型問題

1

次の先生とまおさんの会話文を読み、あとの課題に取り組みなさい。

先生　成人は社会の一員として扱《あつか》われます。そのため、「自立している」「大人としての判断力が備わっている」とみなされます。例えば、お金の貸し借りやものの売買といった（　A　）を自ら行うことができます。

まおさん　わたしは両親から、お金の貸し借りはしてはいけないと教えられています。それでも成人であれば、お金を貸し借りしても良いのですか？

先生　お金の貸し借りそのものが悪いことではありませんし、成人ならば「自立している」とみなされるため、自分の意志で判断することができます。ただし、（　　　　　　　B　　　　　　　）。

まおさん　大人は大変ですね。わたしも立派《りっぱ》なC社会の一員になれるよう日々の勉強に励《はげ》みたいと思います。

課題1　会話文中の（　A　）にあてはまる語句を書きなさい。

課題2　会話文中の（　　　B　　　）にあてはまる「先生」のセリフを考え、書きなさい。

課題3　会話文中の下線部Cについて、社会の一員として果たすべきことの１つとして、選挙における投票があげられます。これについて、参議院議員選挙の年代別投票率の移り変わりについて表した右の［グラフ］を見て、気づいたことを書きなさい。

［グラフ］**参議院議員通常選挙の年代別投票率の移り変わり**

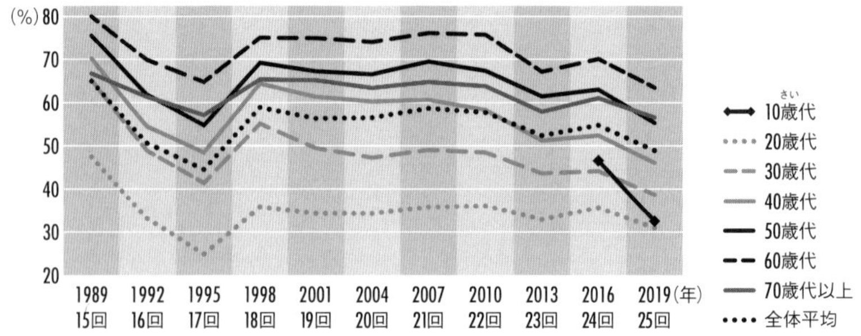

※総務省ホームページより

課題1		課題2	
課題3			

2

ゆうきくんは、働く人の暮《く》らしについて、次の［資料］を見つけました。これを見て、気づいたことを書きなさい。

［資料］**年齢《ねんれい》別・男女別就業《しゅうぎょう》率の変化（全国）**

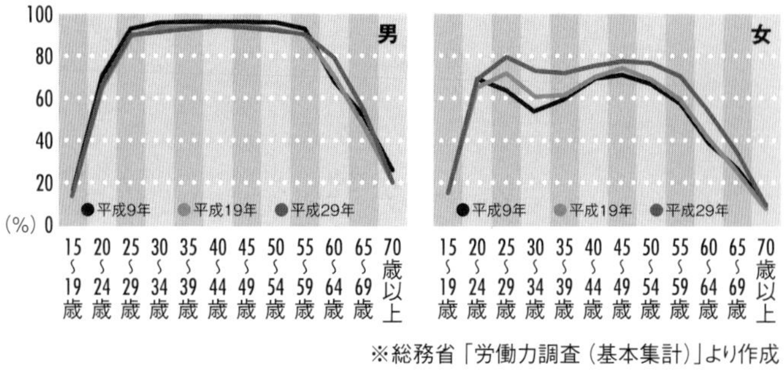

※総務省「労働力調査（基本集計）」より作成

課題	

第3章

経《けい》済《ざい》と暮《く》らしと文化

「北海道・北東北の縄文遺跡群《じょうもんいせきぐん》」「奄美《あまみ》大島《おおしま》、徳之島《とくのしま》、沖縄島《おきなわじま》北部及《およ》び西表島《いりおもてじま》」世界遺産《いさん》に登録

暮《く》らしに広がるSDGs《エスディージーズ》

自由貿易を推進《すいしん》する様々な協定

ヤングケアラーと人口減少社会

スーパーコンピューター「富岳《ふがく》」の活躍《かつやく》

2024年に新紙幣《しへい》が発行予定

この記事もチェックしておこう!

「ハローページ」130年の歴史に幕《まく》

時事カレンダー2021

時期	主な出来事
2020年 10月	第21回国勢調査の実施
11月	RCEP《アールセップ》(地域的《ちいきてき》な包括的経済連携協定《ほうかつてきけいざいれんけい》)の署名《しょめい》開始
2021年 1月	日英包括的経済連携協定が発効
2月	日経平均株価《かぶか》が1990年以来の3万円台を回復
4月	消費税総額表示が義務化
	70歳 就 業《しゅうぎょう》 法(改正高年齢者雇用《こうねんれいしゃこよう》安定法)が施行
	同一労働・同一賃金が中小企業《きぎょう》においても義務化(大企業はすでに義務化)

時期	主な出来事
2021年 4月	ゴルフのマスターズ・トーナメントで松山英樹《ひでき》選手が日本人初優 勝《ゆうしょう》
6月	世界のスーパーコンピューター計算速度ランキングで日本の「富岳」が1位に
7月	「奄美大島・徳之島・沖縄島北部及び西表島」が世界自然遺産に登録
	「北海道・北東北の縄文遺跡群」が世界文化遺産に登録
10月	50音別電話帳「ハローページ」最終版の発行が始まる

今後の予定

2021年 11月	新500円硬貨《こうか》の流通が始まる
2022年秋	西九州新幹線(長崎〜武雄温泉《たけおおんせん》)開業
2024年	新紙幣(1万円札・5000円札・1000円札)の流通が始まる
2025年	大阪・関西万博《ばんぱく》が開催《かいさい》

「北海道・北東北の縄《じょう》文《もん》遺《い》跡《せき》群」「奄美《あまみ》大島、徳之島《とくのしま》、沖縄《おきなわ》島《じま》北部及《およ》び西表《いりおもて》島《じま》」世界遺産に登録

CHECK
三内丸山遺跡の大型掘立柱《ほったてばしら》建物（復元）。

CHECK
これらの地域《ちいき》の固有の生き物を確《かく》認《にん》しよう。

縄文遺跡群　世界遺産決定 ❶

北海道・北東北　独特な定住社会　評価

ユネスコ ❷

【パリ＝山田真也】国連教育・科学・文化機関（ユネスコ、本部・パリ）の世界遺産委員会は27日、日本が推薦した「北海道・北東北の縄文遺跡群」（北海道、青森、岩手、秋田）を世界文化遺産に登録することを決めた。世界史的にも希有《けう》な定住社会を営んだ縄文文化の価値が認められた。

同遺跡群は約1万5000年～2400年前の4道県17遺跡で構成。北東アジア最古の土器が出土した「大平《おおだい》山元遺跡」（青森県外ヶ浜町）、大規模拠点集落跡「三内丸山《さんないまるやま》遺跡」❸（青森市）、石を円状に配置したストーンサークルで知られる「大湯環状列石」（秋田県鹿角《かづの》市）などがある。

❹縄文時代のこの地域は、ブナ林や、暖流と寒流が重なる海などの環境に恵まれ、農業に移行せず、採集・漁労・狩猟を基盤とした独特の定住社会が発達。墓地や土偶など、精神文化の痕跡も豊富に残されている。

岡田保良・国士舘大名誉教授（文化遺産学）の話
「構成資産の17遺跡は、農業以前の原始的な経済状況の中で定住生活が営まれた北海道・北東北の縄文文化の変遷を語る上でいずれも欠かせない重要なものだ。縄文遺跡群の登録を機に、世界中の多様な先史文化の価値が改めて評価されることも期待したい」

この日の審議はオンライン形式で行われ、同遺跡群について「傑出した普遍的価値を信頼性をもって伝えている」などと評価、全会一致で登録を決めた。ユネスコの諮問機関「国際記念物遺跡会議」（イコモス）は5月に「登録」を勧告していた。

青森県の三村申吾知事は登録決定後、「この遺産を保護し、その価値を世界に伝え、訪れた人々に忘れがたい体験を提供するために最善を尽くす」と述べた。

国内の世界文化遺産としては20件目、自然遺産を含めた世界遺産では、26日に登録が決まった「奄美大島、徳之島、沖縄島北部及び西表《いりおもて》島」（鹿児島、沖縄）を含めて25件目となる。

㊨三内丸山遺跡（2018年撮影）
㊧大湯環状列石（今年５月撮影）

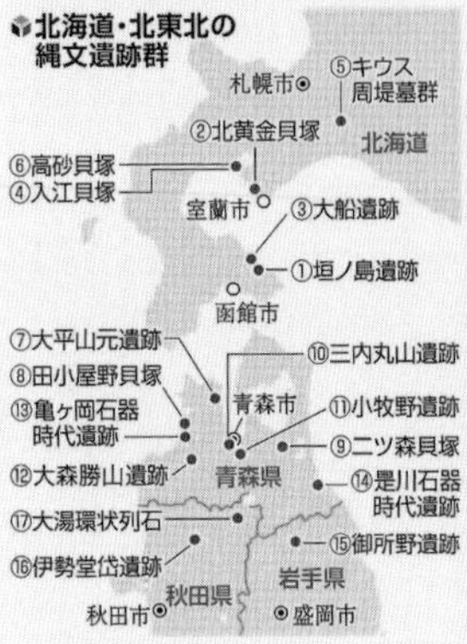

所在地
①北海道函館市
②伊達市
③函館市
④洞爺湖町
⑤千歳市
⑥洞爺湖町
⑦青森県外ヶ浜町
⑧つがる市
⑨七戸町
⑩青森市
⑪青森市
⑫弘前市
⑬つがる市
⑭八戸市
⑮岩手県一戸町
⑯秋田県北秋田市
⑰鹿角市

（「読売新聞」2021年7月28日付）

沖縄・奄美　世界遺産に決定 ❶

「自然」国内5件目　生物多様性を評価

【パリ＝山田真也】国連教育・科学・文化機関（ユネスコ❷、本部・パリ）の世界遺産委員会は26日のオンライン形式の会議で、「奄美大島、徳之島、沖縄島北部及び西表《いりおもて》島」（鹿児島、沖縄県）を世界自然遺産に登録することを全会一致で決めた。独特な進化を遂げた種が豊富に分布する「生物多様性」を保全する上で、国際的にも重要な地域と評価した。

国内の自然遺産への登録は2011年の「小笠原諸島」（東京都）以来10年ぶりで、5件目となる。

小泉環境相は「個性的な生き物が暮らす、唯一無二の自然の価値が、国際的にも認められた。世界の宝であるこの素晴らしい自然の価値を将来に引き継ぐ」とのコメントを発表した。

登録対象は、鹿児島県の奄美大島と徳之島、沖縄県の沖縄島北部と西表島の4地域で構成。面積は4万2698平方キロあり、温暖・多湿な亜熱帯性気候で多雨林が広がる。アマミノクロウサギ（奄美大島、徳之島）、ヤンバルクイナ（沖縄島北部）、イリオモテヤマネコ（西表島）などの絶滅危惧種や固有種が多い。

ユネスコの諮問機関「国際自然保護連合」（IUCN、本部・スイス）は5月に登録を勧告した。一方、IUCNは、西表島で観光客を減少させる措置や、希少種の交通事故死を減らす取り組みなどが必要と指摘しており、世界遺産委は日本政府に対し22年12月までに報告するよう求めた。

（「読売新聞」2021年7月27日付）

重要語句

❶世界遺産
「顕著《けんちょ》な普遍的価値《ふへんてきかち》」を持つ、人類が共有すべき自然や文化財。世界遺産リストに登録されることで世界遺産物件となる。1972年、ユネスコ総会で採択《さいたく》された世界遺産条約により始まり、現在、登録件数は1000件をこえる。

❷ユネスコ（UNESCO）
国連教育科学文化機関の略称《りゃくしょう》。国際連合の専門《せんもん》機関。世界遺産の登録・保護などを行っている。本部はフランスのパリ。

❸三内《さんない》丸山遺跡
青森県にある縄文時代を代表する遺跡。高さ20mと推定《すいてい》される掘立柱建物の跡《あと》やクリの栽培《さいばい》跡などが発掘《はっくつ》されたほか、新潟《にいがた》県の糸魚川《いといがわ》で産出するヒスイも出土し、遠くの地域《ちいき》との交易があったことがわかっている。

❹縄文時代
竪穴《たてあな》住居に住み、縄目の文様《もんよう》のついた土器や磨製《ませい》石器などを使用し、狩猟《しゅりょう》、漁労、採集《さいしゅう》をして暮らしていた。貝塚《かいづか》などの生活跡が各地で発見されている。

記事のポイント

新型コロナの影響《えいきょう》で2年ぶりの世界遺産委員会

2020年の❷ユネスコの❶世界遺産委員会は中止となり、2021年、世界遺産委員会はオンラインによる開催《かいさい》となりました。

2019年以降《いこう》、世界遺産は1年につき各国1件ずつの推薦《すいせん》となりましたが、今回は特例で2件の推薦が可能でした。

2021年現在、日本の世界遺産は25件（「世界自然遺産」5件・「世界文化遺産」20件）となっています。

生物多様性

世界自然遺産の「奄美大島、徳之島、沖縄島北部及び西表島」は、鹿児島県南西部の奄美大島・徳之島と、沖縄県の沖縄島北部・西表島から構成されています。これらの地域は大陸や島同士が分《ぶん》離《り》や結合をくり返《かえ》しながら形成されていった経緯《けいい》から、多様で固有性の高い動植物が多くいます。

縄文時代の暮《く》らしの移り変わりをたどる

世界文化遺産の「北海道・北東北の縄文遺跡群」は、北海道・青森県・岩手県・秋田県にまたがる、約1万5000年前から約2400年前に栄えた遺跡から構成されています。遺跡には、縄文人が狩《か》りや漁をしたり、木の実を集めたりしながら定住生活をした跡が残っています。

北海道・東北北部では約1万年にわたって狩猟・採集・漁労を行いながら定住生活をする時期が続きました。クリ・サケ・貝類などの食料が豊富で、短期で移動する必要がなかったと考えられています。また、1つの場所に定住することで、高度な技術や独自の文化が高まりをみせました。

❸三内丸山遺跡（青森県）から出土した掘立柱建物の柱には腐食《ふしょく》を防ぐために焦《こ》がした跡がありました。また、大きな石が輪っか状に並《なら》べられた大湯環状《かんじょう》列石（秋田県）の周りからは祭祀《さいし》の道具が多数出土しています。

ここも勉強しよう！

縄文時代の暮らしの様子を押《お》さえよう

❹縄文時代は今から約１万5000年前から約2400年前まで続きました。氷河期が終わって温暖《おんだん》になったことから木の実をつける落葉広葉樹《こうようじゅ》が増え、木の実などを食べる小型・中型動物も増えました。このころの人々は竪穴住居に住み、土偶《どぐう》に祈《いの》りを捧《ささ》げていたと考えられています。当時の海岸線沿《ぞ》いには貝塚が見られます。

世界遺産登録の長所と短所を押さえよう

2013年に世界文化遺産に登録された富士山は、当初は世界自然遺産での登録を目指していました。しかし、多くの人が訪《おとず》れる富士山は登山客のための建物や設備が多くつくられていたり、ゴミが散乱《さんらん》していたりと、自然の状態を保っているとはいいがたい状況《じょうきょう》から断念しました。

世界遺産に登録されることで人々の注目を浴び、保護の機運が高まったり、興味をもつ人が増えたりするという長所があります。一方で、周辺地域の開発が抑制《よくせい》されたり、多くの観光客が訪れることによって構造物や自然などを荒《あ》らされたりするなど、観光客のマナー違反《いはん》によって地域に迷惑をかけてしまうという短所もあります。

暮《く》らしに広がるSDGs《エスディージーズ》

給食牛乳 ストローなしに

プラごみ削減 来年度から

北九州市立校

SDGs つづく未来へ

❶北九州市は15日、市立校の学校給食に出ている牛乳パックについて、ストローを使わずに飲めるタイプに変更すると発表した。SDGs（持続可能な開発目標）達成に向けた取り組みとして来年度から導入し、❷プラスチックごみの削減につなげる。

市によると、新しいパックは日本製紙が開発したもので、飲み口が手で開けやすく改良され、パックからじかに飲めるようになっている。10月頃に一部の小中学校で試行的に実施し、来年4月から全校に本格導入する予定。

市立小中学校など計198校で1日当たり出されている牛乳パックは計約7万5000個。市は全校で導入すれば年間約1500万本（約7トン）のストローを削減できると試算しており、北橋健治市長は「プラスチックごみの削減と同時に、子どもたちの環境問題に対する意識が向上することを期待している」と述べた。

飲み口が手で開けやすい新しい型の牛乳パック

（「読売新聞」2021年7月16日付）

CHECK

かつては公害に苦しんだ❶北九州市は、近年は廃棄物《はいきぶつ》ゼロ（ゼロ・エミッション）を目指す「北九州エコタウン事業」を展開《てんかい》している。

CHECK

江戸時代、行灯《あんどん》や提灯《ちょうちん》には菜種油などが用いられた。油をしぼったものは油かすとして肥料に用いられた。

SDGsに通じる江戸時代の暮らし

江戸時代の浮世絵や書物には人々の暮らしが生き生きと描かれ、現代のSDGsに通じる生活スタイルも垣間見える。米メトロポリタン美術館、国立国会図書館が所蔵する資料から、その姿をたどる

リユース

桶《おけ》作りの様子を描いた葛飾北斎**「冨嶽三十六景 尾州不二見原」**。桶は酒造りの後、しょうゆやみそ造りにも使われた

江戸や関西の風俗や事物を記録した書物**「守貞謾稿《もりさだまんこう》」**には、提灯《ちょうちん》の張り替え屋など、日用品の修理に携わる人たちも描かれている

◀国立国会図書館デジタルコレクションより

資源保護

歌川国貞**「勢洲鰒取ノ図《せいしゅうあわびとりのず》」**。アワビなど「俵物」の内容は、年によって採取する場所を変えていた

エコバッグ

歌川広重**「東都名所 駿河町之図」**。人々が持ち歩いた風呂敷は、色々な形状の物を包むことができ、エコでもあった

クリーンエネルギー

鈴木春信**「将棋・三十六歌仙『中納言兼輔』」**。室内の照明具だった行灯《あんどん》には、植物や動物由来の油が使用されていた

きれいな水

葛飾北斎**「冨嶽三十六景 穏田の水車」**。江戸の町には上水道が行き渡り、川にも上水が注いでいた

（「守貞謾稿」以外は全て米メトロポリタン美術館所蔵）

（「読売新聞」2021年6月16日付）

重要語句

❶北九州市

世界遺産《いさん》にも登録された官営八幡《やはた》製鉄所が位置する、北九州工業地域《ちいき》の中心都市としても知られる。

❷プラスチック

原油を精製して得られるナフサを加工してつくられる。

❸国際連合（国連）

第2次世界大戦を防ぐことができなかった国際連盟《れんめい》の反省のうえに成立した、世界の平和と安全を守る組織。日本は日ソ共同宣言《せんげん》が調印された1956年に加盟。2021年現在、193か国が加盟している。

❹投資・ESG投資

投資とは、将来《しょうらい》の資本（生産を行う際の元手）を増やすために、現在の資本を投じること。また、「ESG」は「環境《かんきょう》」(Environment)、「社会」(Social)、「企《き》業《ぎょう》統治」(Governance)を指し、SDGsにも通じるこのような観点に配慮《はいりょ》している企業に対して行われる投資をESG投資とよぶ。

❺ジェンダー

生物的な性別と異なり、長い歴史の中で社会的、文化的につくられた男女の区別のこと。

❻先進国

経済《けいざい》や工業技術の面で発展した国。

記事のポイント

持続可能な開発目標（SDGs）とは？

❸国際連合は世界各国の協力のもと、国際平和や国際問題の解決を目指した取り組みを続けています。平和や安全を脅《おびや》かすものには、戦争や環境破壊《かんきょうはかい》などがあげられますが、近年は、**人類が自分たちの幸せだけを追求していては、地球の資源《しげん》はなくなり、食料も不足し、結局は全人類が暮《く》らしにくくなるだろうと考えられるようになりました。**このような事態になることを防ぎ、人々がずっと幸せに暮らしていけるよう、2015年に国連で採択《さいたく》された「持続可能な開発目標（SDGs=Sustainable《サステイナブル》 Development《ディベロップメント》 Goals《ゴールズ》）」では17の具体的な目標をあげています。そして、地球上のだれ一人として不幸な状態に取り残さないことを誓《ちか》っています。これらの目標を達成し、諸《しょ》問題を解決するのはわたしたち一人ひとりであり、そのための学校教育や役所・企業《きぎょう》などの取り組みが日本を含《ふく》む世界各地で行われています。

暮らしに広がるSDGs

近年、みなさんも暮らしの中でSDGsという言葉を聞く機会が増えたのではないでしょうか？記事中の福岡県❶北九州市における取り組みは、飲み口の形を変えることでストローを使わずじかに飲むことができる牛乳《ぎゅうにゅう》パックを開発することで、ストローの原材料である❷プラスチックの使用量を削減《さくげん》することを目指します。プラスチックごみが海を漂《ただよ》うと、船の航行の妨《さまた》げになったり、漁業などに悪影響《あくえいきょう》をもたらしたりします。また、プラスチックごみが紫外《しがい》線や波の力によって細かく砕《くだ》かれて、大きさが5mm以下になったものをマイクロプラスチックといいます。魚がえさと勘《かん》違《ちが》いしてマイクロプラスチックを飲みこんでしまうと、死にいたる恐《おそ》れもあります。この取り組みは、ＳＤＧｓの１７の目標のうち、「つくる責任　つかう責任」「海の豊かさを守ろう」にかかわっています。

ここも勉強しよう！

SDGsとESG投資

SDGsの達成に向け、日本を含《ふく》む世界の様々な企業（会社）は取り組みを進めています。貧困《ひんこん》、人権《じんけん》や環境といった国際社会の諸問題の解消に向けた事業活動を展開《てんかい》することによって、その企業のイメージや価値《かち》が向上します。また、このような企業に❹投資を行う、❹ESG投資にも注目が集まっています。

日本が他の先進国と比べて遅《おく》れている取り組み

2019年に国連で開催《かいさい》された「SDGsサミット」では、日本は❺ジェンダーや気候変動の分野で他の欧州の❻先進国と比べて遅れていると評価されました。日本では男性と比べて、女性は働いている人に対する非正規社員の割合《わりあい》が高くなっています。近年は結婚《けっこん》・出産などの際に出産休暇《きゅうか》や育児休暇を取得しやすくする仕組みや、その後の職場復帰への受け入れ体制が整えられつつありますが、SDGsの観点から、さらなる取り組みが求められます。

日常生活の中でも、SDGs達成に向けた行動をとることができます。身近にあるか探《さが》してみましょう。

- **使わない電源《でんげん》を切る**
  →不要な電気の消費をおさえる
- **簡易包装《かんいほうそう》の品物を買う**
  →過剰《かじょう》な包装は資源のむだ遣《づか》い
- **窓やドアのすき間をふさぐ**
  →エアコンなどのエネルギー効率を高める

自由貿易を推《すい》進《しん》する様々な協定

RCEPでGDP2.7％上げ
政府試算 関税撤廃で消費拡大

政府は19日、日中韓や東南アジア諸国連合（ASEAN）など15か国が参加する地域包括的経済連携（RCEP）発効で、実質国内総生産（GDP）を約2・7％押し上げる経済効果が見込まれるとの試算を公表した。関税の撤廃・引き下げにより消費が拡大したり、投資が増えたりするためだ。

2019年度の実質GDPをもとに算出すると、押し上げ額は約15兆円となり、雇用も約0・8％増加するとした。試算は国際的に使われている10〜20年ほど後を想定した経済モデルで、貿易・投資の拡大で企業の生産性が高まり、賃金が上昇する好循環が生まれることを前提としている。

GDPの押し上げ効果は、環太平洋経済連携協定（TPP、約1・5％）、欧州連合（EU）との経済連携協定（EPA、約1％）を上回る。RCEPには日本の最大の貿易相手の中国や3位の韓国が参加し、貿易額が大きいためだ。

多国間貿易協定の経済効果

	RCEP	TPP（11か国）	日EU・EPA
実質GDPの押し上げ	2.7％（15兆円）	1.5％（8.3兆円）	1％（5.5兆円）
雇用創出	0.8％（54万人）	0.7％（47万人）	0.5％（34万人）

（日EUは英国のEU離脱前時点。かっこ内は2019年度実績から算出）

（「読売新聞」2021年3月20日付）

（「読売新聞」2021年6月3日付）

CHECK

日本は自由貿易を推進している。このほか、日本はアメリカやイギリスなどとの間で貿易協定を結んでいる。

重要語句

❶ TPP（環《かん》太平洋経《けい》済《ざい》連《れん》携《けい》協定）

モノだけでなく、サービス、投資の自由化を進め、さらには知的財産、電子商取引、国有企業《きぎょう》の規律《きりつ》、環《かん》境《きょう》など、幅広《はばひろ》い分野におけるルールを構築する協定。アメリカが離脱《りだつ》し、残った11か国が交渉《こうしょう》を続け、合意している。

❷ RCEP《アールセップ》（地域的な包括《ほうかつ》的経済連携協定）

日中韓《にっちゅうかん》とASEAN《アセアン》諸国《しょこく》、オーストラリア・ニュージーランドの15か国による経済連携協定。RCEP加盟《かめい》国による自由貿易圏《けん》の規模《きぼ》は世界最大。

❸ GDP（国内総生産）

一定の期間に、国内で生産されたモノやサービスの付加価値《かち》の金額の合計。国家の経済力の指標となる。

❹ EPA（経済連携協定）

関税撤廃にとどまらず、投資や知的財産の保護といった経済に関する共通のルールなども定める協定。

❺ FTA（自由貿易協定）

特定の国や地域《ちいき》との間で貿易の拡大《かくだい》を目指し、輸出入品の関税の削減《さくげん》・撤廃《てっぱい》などを目的とする協定。

❻ ASEAN（東南アジア諸国連合）

1967年に設立された、東南アジアの国々による政府間組織。現在の加盟国はタイ、シンガポール、マレーシア、インドネシア、フィリピン、ブルネイ、ベトナム、ラオス、ミャンマー、カンボジア。

記事のポイント

近年、日本は主な貿易相手国と次々と協定を結ぶ

資源の量が少ない日本では、古くから原材料を輸入し、製品を輸出する加工貿易が行われてきました。経済の発展《はってん》には貿易が欠かせないことから、日本は特定の分野をのぞき、関税の撤廃や引き下げなどを行って自由に取引を行う自由貿易を推進してきました。一方、世界の貿易のルールを決めるWTOは自由貿易を推進しようとしていますが、先進国と発展途上国が対立し、交渉が思うように進まなくなってしまいました。そのため、近年では国や地域ごとに交渉を行い、❺FTAや❹EPAといった、国や地域との間で協定を結ぶようになったのです。日本は 2018年12月に太平洋沿岸《えんがん》の11か国で❶TPPが、2020年1月にはアメリカと日米貿易協定が発効されました。

2020年10月には日本及《およ》び中国・韓国・オーストラリア・ニュージーランド・❻ASEAN諸国は❷RCEPに署名《しょめい》しました。

イギリスがTPP加盟を申請《しんせい》

2021年1月、日英貿易協定が発効されました。日英貿易協定の交渉期間は 4 か月ほどで、日本と他国との貿易に関する協定と比べ、非常に短かったといわれています。

2020年にEU（欧州連合）を脱退《だったい》したイギリスにとって、ヨーロッパ以外の地域《ちいき》と独自に通商交渉を行うことで、EU脱退による経済への良い効果をもたらそうとしているとの見方もあります。

さらに、2021年に入ると、イギリスはTPPへの加盟を申請しました。また、イギリスは大西洋に面した国なので、太平洋の沿岸国によって結ばれたTPPがどのような影響《えいきょう》を受けるかについても、注目が集まっています。

ここも勉強しよう！

自由貿易の意義を知ろう

自国よりも安い工業製品や農産物が外国から輸入されると、自国の生産品が売れなくなる恐《おそ》れがあります。そこで、各国は輸入品目や輸入量に制限を設けたり、自国の工業製品や農産物と同じような価格になるよう、輸入品に関税をかけることで、自国の産業を守ろうとします。

こうした政策《せいさく》は、多くの国で採用されていますが、そんな中で日本が自由貿易を進める理由は、輸入品などの価格が下がるだけではなく、日本でつくられる工業製品の輸出の拡大《かくだい》にもつながり、自動車などの輸出産業の利益が増えると期待されているためです。さらに、日本の農産物の輸出増につながる期待もあります。

RCEPに署名しなかったインドの視点《してん》

世界第2位の人口を有するインドには、日本の企業も多く進出しており、インドの参加が期待されていましたが、インドはRCEPへの署名を見送りました。インドは、RCEPによって加盟国間の関税が引き下げられたり、撤廃されたりすることで、中国から大量の安い製品が入り、インド国内の産業が打撃《だげき》を受けることを不安視したのです。

このようなインドの視点は、日本を含《ふく》む他の国々にもあてはまります。日本は主食である米については輸入や関税撤廃を貿易協定における対象から除外《じょがい》させましたが、アメリカ産牛肉や豚肉《ぶたにく》（日米貿易協定）、冷凍《れいとう》の野菜の総菜（RCEP ※段階的な関税引き下げ）などで関税が引き下げられます。

ヤングケアラーと人口減少社会

CHECK

困《こま》っている人の声に耳を傾《かたむ》け、できることを考えてみよう。

ヤングケアラー 深刻な状況

「睡眠、勉強の時間不足」「悩み 話せない」

大人の代わりに家族の介護や家事を担う「ヤングケアラー」が、深刻な状況に直面している。国の初の調査で、中高生の20人に1人いることがわかり、勉強や睡眠時間が不足し学校生活に支障が出たり、誰にも相談できずに孤立したりする実態も浮かび上がった。国は5月に支援策をまとめる方針で、独自に対策に乗り出す自治体も出てきた。

◆いつも疲れていた

「勉強どころじゃなかった。毎日、生活するので精いっぱいだった」。大阪府茨木市の　さん(40)は、統合失調症の母親と2人暮らしだった中学時代を振り返る。

母親は横になることが多く、買い物や料理は　さんがこなした。昼食はいつもパン。見かねた友達が、手の込んだおかずが入った弁当をくれたこともあった。うれしさとともに「なんでうちは……」とさみしさもこみ上げた。母親を一人にするのが心配で、部活動も修学旅行も諦めた。

家計のためにと卒業後は就職し、定時制高校に通った。体はいつも疲れていたが、そんな日々が当たり前だと思い、自分から積極的には助けを求めなかったという。

今はヤングケアラーの存在を知ってほしいと、講演会などで体験を語っている。「困っていることに気づき、サポートしてくれる大人が必要」と訴える。

◆小学生から世話

調査は厚生労働省と文部科学省が昨年12月～今年2月、公立校に通う中2と高2の計約17万人にインターネットで実施し、計1万3777人から回答を得た。

「世話をしている家族がいる」と答えたのは、中2が5・7%、全日制の高2が4・1%。平日のケアの時間は1日平均で約4時間、7時間以上も1割に上った。「勉強する時間が取れない」「睡眠が不十分」「進路の変更を考えざるを得ない」などの訴えも目立った。

家族の世話を始めた時期は平均で11歳、中2の半数が小学生の頃からケアを担っていた。対象はきょうだいが最多だった。

3人の娘を育てる滋賀県の女性(45)は、小学6年の三女(12)が自由な時間が取れないことを悩む。16歳になる双子の長女と次女には重い障害がある。パニックを起こすことがある次女を落ち着かせるため、ドライブで連れ出すのが日課だ。夫は仕事が多忙なため、三女がその間、四肢が不自由な長女を見守る。平日は2時間、土曜は5時間ほどになる。

「申し訳ないと思いながら、三女に甘えてしまっている。学校生活で我慢させることは避けたいが、どうしたらいいのか」と話す。

国や自治体 支援の動き

◆専門部署を設置

調査では、ヤングケアラーの6割が「状況は変わらない」などとして、学校などに相談した経験がなかった。声を上げることができない子どもを早く見つけ、支援につなげる動きがある。

兵庫県尼崎市は、2019年度から福祉や教育現場の担当者らが集まり、当事者だった人から体験談を聞いて支援策を考える会合を開催。教員向けの研修も実施し、「遅刻や早退、欠席が多い」「授業中に集中力が欠け、居眠りが多い」など気づきのポイントを共有している。今年度は、ヤングケアラーに該当するかを判断するチェックシートを作成し、関係部署などで活用するという。

神戸市は今月、専門部署「こども・若者ケアラー支援担当」を設置した。6月には相談窓口を開設し、悩みや思いを打ち明けられる場も今秋以降に設ける。

大阪歯科大の浜島淑恵教授（社会福祉学）は「ヤングケアラーは教育と福祉の制度の隙間に取り残され、支援の手が届いてこなかった。子どもが担うケアを福祉サービスなどにつなげることが求められる。教員ら身近な大人が窮状に気づき、孤立を防ぐことも大切だ」と指摘する。

日本ケアラー連盟はホームページ（https://youngcarerpj.jimdofree.com/）で支援団体を紹介している。

ヤングケアラー　法律上の定義はないが、日本ケアラー連盟によると、大人が担うような家事や家族の世話を日常的に行っている18歳未満の子どもをいう。障害や病気がある親や祖父母、きょうだいの世話や家事に追われて学業が滞ったり、体調が悪くなったりするケースがある。

ヤングケアラーの支援に向け、兵庫県尼崎市が作成したチラシや資料

調査に寄せられた中高生の自由意見

- 睡眠時間が削られ、学校の授業中に眠くなり、集中が切れることがよくある
- 今の状態はしんどい。全部を代わってほしいとか、ここから逃げ出したいわけではなく、私にも少し余裕が欲しい
- 昨年の休校中は障害のあるきょうだいを預かってくれるところがなく、母は仕事のため、私と別のきょうだいが交代で世話をした。その間は学校の課題や勉強ができなかった
- 誰かに相談する余裕なんてない。それよりも、今日1日どう過ごすかでいっぱい
- 友達に暗い話をすると空気が悪くなるので、悩みや苦しみを伝えたくても話せない

学校や大人に助けてほしいこと（複数回答）

	中2	高2
学校の勉強や受験勉強など学習のサポート	21.3%	18.9%
自由に使える時間がほしい	19.4	17.9
進路や就職など将来の相談	16.3	17.3
自分の今の状況について話を聞いてほしい	12.9	16.6

※厚生労働省の資料に基づき作成

（「読売新聞」2021年4月18日付）

重要語句

❶厚生労働省

年金、健康・医療《いりょう》、介護《かいご》・福祉《ふくし》、子育て、雇用《こよう》などに関する分野を管轄《かんかつ》する国の行政機関。少子高齢《こうれい》化が進む日本において、もっとも多くの予算を必要とする省である。

❷介護《かいご》保険制度

要介護認定《にんてい》（介護が必要な状態であると認《みと》められること）を受けた上で介護サービスを利用するときに適用される公的保険制度。40歳《さい》から保険料を支払《しはら》う。

❸団塊《だんかい》の世代

1947～49年の第1次ベビーブームに生まれた、現在日本でもっとも人口が多い世代。

❹（合計特殊《とくしゅ》）出生率

1人の女性（15歳《さい》から49歳まで）が、一生の間に産む子どもの数の平均推計値《すいけいち》。2020年の日本の出生率は1.34だったが、現在の人口を維持《いじ》するには2.08が必要とされる。

❺核家族《かくかぞく》

夫婦《ふうふ》のみ、夫婦と未婚《みこん》の子、あるいは1人親と子で構成されている家族。

❻世帯

住居や生計をともにするもの、またはその集まり。もしくは、独立して生計を営む単身者のこと。

❼努力義務

法律《ほうりつ》などにおいては「～するよう努めなければならない」などと規定されるもの。従《したが》わなくても刑事罰《けいじばつ》を受けることはない。

日本の総人口の推移と予測

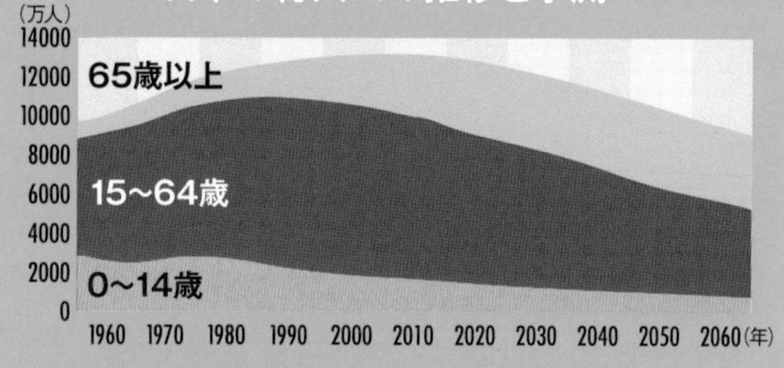

2020年には15歳未満の子どもの数が1500万人を下回った。
65歳以上の高齢者は約3600万人。

国立社会保障《ほしょう》・人口問題研究所の資料などを基に作成。
2010年までは実績値《ち》、それ以降《いこう》は推計《すいけい》値。

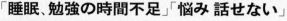

記事のポイント

介助者の不足が招く様々な問題

2021年、[1]厚生労働省による初めての調査の結果、中学生・高校生の約20人に1人（約10万人）が、本来であれば大人が担《にな》うような介護や家事などを行うヤングケアラーであることがわかりました。少子高齢化《こうれいか》が進む日本において、自身で日常生活を送ることが困難《こんなん》な人を手助けする介護の重要性が高まっています。しかし、介護や福祉《ふくし》の仕事は需要《じゅよう》が高いものの、他の業種と比べて給与《きゅうよ》などの待遇面《たいぐうめん》が悪いことも多く、人材が集まりにくくなっています。家族の介護を理由に退職《たいしょく》を余儀《よぎ》なくされる人や、介護や家事に追われて心身に不調をきたす人もいることは、かねてから社会問題化していました。とりわけヤングケアラーは学校の宿題をやる時間や睡眠《すいみん》時間を確保することすら困難な場合もあり、学業や友人関係に支障《ししょう》をきたす事例も報告されています。ヤングケアラーの子どもたちのなかには、自らがヤングケアラーである自覚がない事例もみられます。

このほかにも貧困《ひんこん》や虐待《ぎゃくたい》など、生《お》い立ちの環境《かんきょう》によって子どもたちの間に生じる格差を取り除《のぞ》くことが求められます。

「2025年問題」を見据《みす》えて

高齢化が進むなか、2000年には[2]介護保険制度が始まりましたが、介護の対象となる要介護認定者《にんていしゃ》は増加の一途《いっと》をたどっています。このようななか、2025年には約800万人もの「[3]団塊の世代」が75歳以上を迎《むか》えます。要介護認定者の多くは75歳以上であるため、2025年には介護を必要とする人が急増するとみられています。そしてこのような介護問題をめぐる状況《じょうきょう》を、「2025年問題」といいます。

ここも勉強しよう！

止まらない日本の人口減少

2020年に生まれた子どもの数は約84万人で、2019年よりもさらに減少しました。[4]出生率は1.34で、5年連続の減少となります。新型コロナウイルス流行の影響《えいきょう》による経済《けいざい》の悪化から結婚《けっこん》や妊娠《にんしん》を控《ひか》える人が増えているとみられています。日本の総人口も減少が続いていますが、[5]核家族化が進んだことや進学・就職《しゅうしょく》・高齢化などで若者《わかもの》や高齢者《こうれいしゃ》の単身世帯（1人暮《ぐ》らし）が増えたことなどから、[6]世帯数は増加し続けています。

「70歳就業法《しゅうぎょうほう》」が施行《しこう》

人口減少・高齢化をふまえ、高齢者の社会参加が重要性を増しています。2021年4月からは「70歳就業法」などとも称される改正高年齢者《こうねんれいしゃ》雇用《こよう》安定法が施行されました。

従来《じゅうらい》は本人の希望があれば企業《きぎょう》は65歳までは雇用する義務がありましたが、2021年4月からはこれに加え、65歳以上の人が70歳まで働ける機会を確保するよう努めなければならなくなりました（[7]努力義務）。

（「読売新聞」2021年4月9日付）

スーパーコンピューター「富岳《ふがく》」の活躍《かつやく》

CHECK
新型コロナウイルスの研究にも利用されている。

❶ **富岳 世界3連覇**

スパコン 計算速度など4冠

スパコンの計算速度上位5機

	名称		計算速度（京回/秒）
1	富岳	日本	44.2
2	サミット	米国	14.8
3	シエラ	米国	9.4
4	神威太湖之光	中国	9.3
5	パールマッター	米国	6.4

※京は1兆の1万倍

❷理化学研究所は28日、富士通と共同開発したスーパーコンピューター（スパコン）の「富岳《ふがく》」が、計算速度を競う「TOP500」など4部門の世界ランキングでトップになったと発表した。昨年6月と11月に続き、3期連続で4冠を達成した。

世界ランキングは、研究者らによる国際会議で毎年6、11月に公表されている。富岳の計算速度は前期と変わらない毎秒44京2010兆回（京は1兆の1万倍）で、2位の米国製スパコンの約3倍だった。今回も富岳並みの性能を持つ新型スパコンは登場せず、「TOP500」の上位4位までの顔ぶれや順位に変動はなかった。

富岳はほかに、産業利用で使う計算の処理速度を測る「HPCG」、❸人工知能（AI）分野で使う計算能力をみる「HPL―AI」、❹ビッグデータの解析能力の指標となる「Graph500」の各部門でもトップの座を守った。

理研の計算科学研究センター（神戸市）に設置されている富岳は、今年3月から本格運用を開始。新型コロナウイルスを含む飛沫《ひまつ》の広がり方の再現や、変異ウイルスの感染リスクの予測などで研究成果を出している。松岡聡センター長は「新型コロナ対策で政府や企業の指針策定などに大いに貢献する成果を上げてきた。3度4冠に輝き、広い分野で世界的な先進性が示された」とコメントした。

計算速度などを競う4部門の世界ランキングで3期連続トップになった「富岳」（3月撮影）

（「読売新聞」2021年6月29日付）

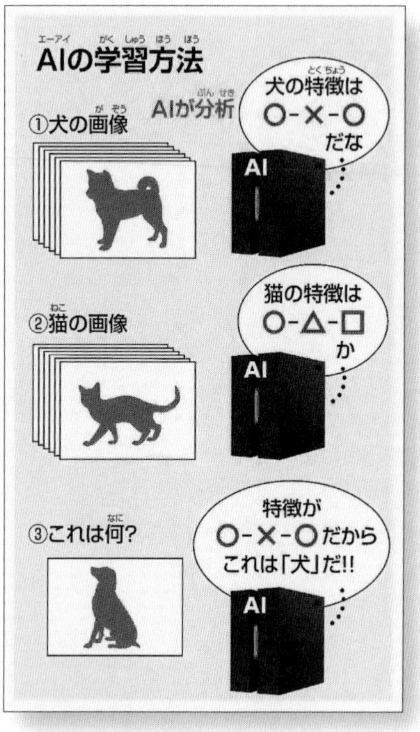

（「読売KODOMO新聞」2018年4月5日付）

重要語句

❶富岳
スーパーコンピューター「富岳」の名前の由来は、富士山の異名《いみょう》である「富岳」からきている。富士山の高さを性能の高さに、富士山の裾《すそ》野《の》の広がりをユーザー（利用者）の広がりになぞらえている。

❷理化学研究所（理研）
1917年に渋沢《しぶさわ》栄一らによって創設《そうせつ》された、国内唯一《ゆいいつ》の自然科学系《けい》総合研究所。現在は文部科学省の所管のもと、国立研究開発法人として活動を続ける。埼玉《さいたま》県和光市に本部を置く。

❸人工知能（AI）
コンピューターが大量の情報を処理《しょり》し、分析《ぶんせき》や判断といった人間の知的な活動を行うこと。人工知能の能力はどんどん向上し、やがては人間の能力を完全にこえる技術的特異《とくい》点（シンギュラリティ）の到来《とうらい》を予測する専《せん》門《もん》家もいる。

❹ビッグデータ
様々な方法で集められた大量の情報。ビッグデータを分析することで、商業や防災など、様々な分野に役立つ。

❺ポートアイランド
兵庫《ひょうご》県神戸《こうべ》市に位置する人工島。

❻キャッシュレス決済《けっさい》
クレジットカードや電子マネーなど、現金を用いずに支払《しはら》いを行うこと。

記事のポイント

スーパーコンピューターとは?

パソコンやタブレットなどで何かを行う際には、そのつど計算が行われています。なかでも、とくに高速で計算をすることができるものをスーパーコンピューターといいます。スーパーコンピューターには、家庭用のコンピューターの数十万倍のスピードで計算することができるものもあります。

スーパーコンピューターは短時間で様々な事象を大規模《だいきぼ》に予測することができ、気象・医療《いりょう》・環《かん》境《きょう》など、人類が直面する多くの問題を解決するための研究に応用できます。

❺ポートアイランド（兵庫県神戸市）の❷理化学研究所計算科学研究センターに設置されているスーパーコンピューター「❶富岳」は、2021年6月に発表された世界のスーパーコンピューターの性能ランキングでも計算速度など４つの部門で１位になりました。

コンピューターの発達

20世紀前半におけるコンピューターの発達のきっかけの１つとして、戦争で使用する武器の開発があげられます。

砲撃《ほうげき》の弾道《だんどう》や暗号の解読などに、多くの計算が必要でした。２度の世界大戦やその後の冷戦などを背景《はいけい》に、コンピューターの性能は上がり続けましたが、コンピューターは軍事だけでなく、暮《く》らしに必要な様々な分野に用いられるようになりました。

ここも勉強しよう！

日本でも進むキャッシュレス化

クレジットカードや電子マネーなど、現金を用いずに支払《しはら》いを行う❻キャッシュレス決済は、レジで小銭《こぜに》を数える必要がなくなり買い物をスムーズに行えるようになること、何に利用したかの明細をインターネット上で閲覧できて、お金の使い道をつかみやすくなったりすることなどが利点としてあげられます。反面、安全面や金銭《きんせん》感覚が身につきにくいことなどが問題点として指摘《してき》されています。

日本はほかの先進国や中国・韓国《かんこく》などと比べ、キャッシュレス決済の普及《ふきゅう》が遅《おく》れています。高齢《こうれい》者《しゃ》をはじめ、キャッシュレス決済の問題点を不安視《し》する人が多くいます。ただし、国や企業《きぎょう》の取り組みや新型コロナウイルスの影響《えいきょう》を受け、日本においてもキャッシュレス決済の需要《じゅよう》は高まりつつあります。

5Gによる情報処理《しょり》能力の向上

日本では1980年代に販売《はんばい》が開始された携帯《けいたい》電話は、当初は重くて、機能も限定的でした。やがて携帯電話の小型化・高機能化が進みました。技術の進歩によって携帯電話で電子メールを送受信することができるようになるなど、携帯電話の機能は飛躍的《ひやくてき》に向上しました。

日本では2020年に5G（第5世代移動通信システム）の提供《ていきょう》が始まりました。これまでよりも多くの情報を短時間で処理でき、❸ＡＩの能力向上や自動運転技術の実現などが期待されています。5Gの通信速度は現在の主流である4Gの最大100倍程度あり、高速で大量の情報を送受信でき、２時間の映画《えいが》を約３秒でダウンロードすることができます。

2024年に新紙幣《しへい》が発行予定

CHECK

新型コロナウイルスの影響《えいきょう》により、現金自動預《あず》け払《ばら》い機（ATM）や駅の券売《けんばい》機の改修作業に遅《おく》れが生じた結果、新500円玉の発行は2021年11月となった。

CHECK

「お札の顔」となった人物の功績を押《お》さえよう。紙幣のデザインは裏《うら》面《めん》も確認《かくにん》しよう。

主な国の通貨単位

アメリカ……・ドル
EU諸国《しょこく》……・ユーロ
中国…………人民元
英国…………ポンド

CHECK

紙幣のデザインは、偽造《ぎぞう》防止の観点などから、20年ほどをめどに変《へん》更《こう》されてきた。

10000円 渋沢栄一　5000円 津田梅子　1000円 北里柴三郎

新紙幣 24年度に

政府は9日、1万円、5千円、千円の3種類の紙幣（日本銀行券①）を2024年度上期（4～9月）をめどに一新すると発表した。

新1万円札の肖像画は、「日本資本主義の父」と言われる実業家の渋沢栄一、5千円札は、津田塾大学創設者の津田梅子、千円札は細菌学者の北里柴三郎を選んだ。紙幣の刷新は04年以来で、世界初となる偽造防止技術を採用する。

麻生財務相は9日の記者会見で、渋沢栄一らを選んだ理由について「明治以降の文化人から選定するという前2回（の刷新時）の考え方を踏襲した」と説明した。1万円札の肖像画が変わるのは、1984年に聖徳太子から福沢諭吉になって以来、40年ぶりとなる。

裏の図柄は、新1万円札が東京駅の丸の内駅舎、5千円札がフジの花、千円札が葛飾北斎の浮世絵「富嶽三十六景」にある「神奈川沖浪裏」を選んだ。最も大きな額面表記の部分は、現在の漢数字から洋数字に変える。2千円札は流通量が少なく、変更しない。

偽造防止策として、肖像の3D（3次元）画像が回転しているように見える「ホログラム」の最先端技術を使う。

500円硬貨も2021年度上期をめどに刷新する。これまでのニッケル黄銅に加え、白銅と銅も使って2色3層の構造とする。

主な紙幣はこれまで、約20年ごとに切り替えられてきた。前回は発行の約2年前に発表されたが、今回は約5年前とした。新紙幣のサンプルの印刷を開始するまでの製造期間に約2年半、自動販売機の改修など民間企業の準備に約2年半かかると見込んだためだ。

財務省②は「現行の日本銀行券が使えなくなる」などとだます詐欺行為への注意を呼びかけている。

＜ニュースQ＋2面、関連記事3・9・37面＞

◆発表された新紙幣のイメージ

東京駅・丸の内駅舎

渋沢栄一（1840～1931年）　埼玉県深谷市出身。近代日本経済の礎を築いた大実業家。「日本の資本主義の父」と言われる。1873年、日本初の銀行を開業。

フジ

津田梅子（1864～1929年）　東京都出身。近代的な女子高等教育の先駆者。1871年、6歳で「岩倉使節団」③の一員として渡米し、初の女子留学生となった。

富嶽三十六景「神奈川沖浪裏」

北里柴三郎（1853～1931年）　熊本県小国町出身。「近代医学の父」と呼ばれる細菌学者。破傷風の血清療法を確立し、ペスト菌を発見したことでも知られる。

新しい500円硬貨案

（「読売新聞」2019年4月10日付）

重要語句

①日本銀行

明治時代に設立された、国内のお金の流れを管理する日本の中央銀行。その役割《やくわり》は民間銀行とは大きく異《こと》なる。

- 発券《はっけん》銀行…紙幣を発行する。（貨幣は造幣局《ぞうへいきょく》が発行）
- 銀行の銀行…民間銀行に対し、お金を預《あず》かったり、融資《ゆうし》（お金を貸すこと）を行ったりする。
- 政府の銀行…税金や国債《こくさい》（国の借金）の管理を行う。

②財務省

国の財政に関する権限《けんげん》を担《にな》う行政機関。長らく大蔵省《おおくらしょう》という名称《めいしょう》だったが、2001年の中央省庁再編の際に財務省となった。

③岩倉使節団

江戸《えど》時代末期に結ばれた不平等条約の改正交渉《こうしょう》のため、1871年から1873年にかけて欧米《おうべい》へ派遣《はけん》された。なお、条約の改正交渉は失敗に終わっている。

④消費税

商品の販売《はんばい》やサービスの提供《ていきょう》に課税する間接税。

記事のポイント

2024年度に新紙幣が発行される

2019年4月、❷財務省によって2024年から発行される新紙幣のデザインが発表されました。紙幣のデザインは財務省・❶日本銀行・国立印刷局が話し合って決めています。日本で初めて紙幣に描《えが》かれた人物は、神功皇后《じんぐうこうごう》（古代の神話に登場する皇族の女性）でした。1882年に日本銀行が設立されてから53種類の紙幣が発行され、このうち22種類が現在でも利用できます。1984年以降《いこう》、紙幣には明治時代以降の文化人の肖像《しょうぞう》が使われています。

現在使用されている紙幣は、2024年以降も引き続き使用することができます。

「お札の顔」となった人物の功績を確認しよう

渋沢《しぶさわ》栄一は、江戸時代末期に現在の埼玉《さいたま》県深谷《ふかや》市で生まれ、農民から幕府《ばくふ》の役人となり、明治時代には大阪紡績《おおさかぼうせき》会社・第一国立銀行（現在のみずほ銀行）・日本銀行など、様々な企業《きぎょう》（会社）や組織の設立にかかわり、「日本資本主義の父」とよばれています。

津田《つだ》梅子は、わずか6歳《さい》（満6歳）で❸岩倉使節団に同行し、留学生としてアメリカへ渡《わた》りました。帰国後は当時の日本における女性の地位の低さを実感し、女子教育の重要性を説き、自ら女学校（現在の津田塾《つだじゅく》大学）を開いて教鞭《きょうべん》をとりました。

北里柴三郎《きたさとしばさぶろう》は江戸時代末期に現在の熊本《くまもと》県で生まれました。「医者の使命は病を予防することにある」として予防医学の道に進み、ドイツに留学してコッホに師事し、研究に励《はげ》みました。留学中に破《は》傷風《しょうふう》の研究を行い、破傷風の血清療法《りょうほう》を確立し、世界的な名声を手に入れました。帰国後は福沢諭《ふくざわゆ》吉《きち》らが北里のために建てた伝染《でんせん》病研究所の所長にむかえられ、後に北里研究所（現在の北里大学）を創立しました。野口英世《ひでよ》は北里柴三郎の門下生でした。

ここも勉強しよう！

消費税の総額表示（税込《ぜいこ》み価格表示）の義務化

2021年4月から、商品やサービスの値段《ねだん》について、❹消費税を含《ふく》んだ税込み価格を表示する消費税総額表示が義務化されました。消費者側から見ると支払《しはら》い額《がく》がわかりやすくなるなどの長所がありますが、これまで税抜《ぜいぬ》き表示をしてきた店からは、「値上げしているかのように受け止められるのではないか」と不安視《し》する声があがっています。

総額表示の例
（総額 1100 円の場合）

○1100円
○1100円（税抜1000円）
○1000円（税込1100円）
×1000円

消費税の総額表示は2004年4月から義務化されていましたが、2014年4月に消費税が5%から8%に上がった際、一時的に税抜き価格のみの表示が認《みと》められていました。

2021年11月、新500円硬貨《こうか》が発行予定

紙幣は日本銀行が発行するのに対し、貨幣《かへい》は造《ぞう》幣局《へいきょく》が発行します。500円硬貨は1982年に登場し、2000年には現在流通している2代目500円硬貨が登場しました。2021年11月からは新たな偽造《ぎぞう》防止技術を採用し、デザイン・材質を変更《へんこう》した3代目500円硬貨の発行が始まる予定です。なお、500円硬貨が発行されるまで使用されていた500円紙幣（500円札）の「お札の顔」は、岩倉使節団の大使を務めた岩倉具視《ともみ》でした。

この記事もチェックしておこう！

「ハローページ」130年の歴史に幕《まく》

電話と電話帳の歴史

1876年、アメリカの発明家グラハム・ベルによって電話機が発明されてから14年後の 1890年 (明治23年)、日本初の電話サービスが東京～横浜《よこはま》間で開始されました。当時は電話機に 1 から順に番号が割《わ》りあてられ、電話交換《こうかん》手《しゅ》とよばれる人が手動で電話回線をつなげるという形がとられていました。その割り振《ふ》られた番号の一覧表《いちらんひょう》である「電話加入者人名表」が日本最古の電話帳とされています。

社会の変化とともに役割《やくわり》を終えるハローページ

1990年代以降《いこう》、携帯《けいたい》電話が急速に普及《ふきゅう》しました。一方で、家に**固定電話**を置かない人が増加するようになりました。街中に設置された公衆《こうしゅう》電話も撤去《てっきょ》が進みました。2005年度に6500万部もの部数を発行していた個人宅の電話番号を50音順で載《の》せた「ハローページ」は、その15年後の2020年度には約120万部まで数を減らしました。**プライバシー**の観点から、「ハローページ」に個人宅の電話番号の掲載《けいさい》を拒否《きょひ》する人が相次いだのです。なお、**職業別に電話番号を載せた「タウンページ」は引き続き発行されます。**

ハローページ発行終了

来年10月以降 130年の歴史に幕

NTT東日本、西日本は18日、個人と企業の電話番号を50音別で掲載する電話帳「ハローページ」発行を2021年10月以降、順次終了すると発表した。携帯電話の普及や個人情報保護に対する意識の高まりで発行部数はピーク時の2％に減っており、電話開通から130年続いた歴史に幕を下ろす。職業別電話帳「タウンページ」の発行は続ける。

現在の「ハローページ」個人名編（NTT東日本提供）

NTT東によると、ハローページの発行部数は05年度の約6500万部をピークに減少が続き、20年度は約1200万部、固定電話加入世帯のうち掲載されたのは19％に低下している。携帯電話やインターネットの普及で紙の電話帳を使う人が減る一方、掲載を避ける人が増えた。

ハローページの源流は、電話が開通した1890年に発行された「電話加入者人名表」。197人の連絡先が記され、首相を務めた大隈重信や、実業家の渋沢栄一も名を連ねたという。1983年に現在の名称になった。

（「読売新聞」2020年6月19日付）

CHECK

電話サービス開始当初に電話を持っていた人物を確認《かくにん》しよう。

固定電話

個人宅《たく》など、一定の場所に置かれた電話。

プライバシー

他者に対してみだりに公開されない、私生活《しせいかつ》に関することがら。

世界遺産《いさん》・無形文化遺産

これらはいずれもユネスコ（国連教育科学文化機関）が登録しています。

日本の「世界自然遺産」一覧《いちらん》

屋久島《やくしま》	鹿児島県
白神《しらかみ》山地	青森県・秋田県
知床《しれとこ》	北海道
小笠原《おがさわら》諸島《しょとう》	東京都
奄美《あまみ》大島《おおしま》・徳之島《とくのしま》・沖縄《おきなわ》島北部及《およ》び西表島《いりおもてじま》	鹿児島県・沖縄県

日本の無形文化遺産一覧

能楽	アイヌ古式舞踊《ぶよう》
人形浄瑠璃文楽《にんぎょうじょうるりぶんらく》	組踊《くみおどり》
歌舞伎《かぶき》	結城紬《ゆうきつむぎ》
雅楽《ががく》	壬生《みぶ》の花田植
小千谷縮《おぢやちぢみ》・越後上布《えちごじょうふ》	佐陀神能《さだしんのう》
奥能登《おくのと》のあえのこと	那智《なち》の田楽《でんがく》
早池峰神楽《はやちねかぐら》	和食
秋保《あきう》の田植踊	和紙
チャッキラコ	山・鉾《ほこ》・屋台行事
大日堂舞楽《だいにちどうぶがく》	来訪神
題目立《だいもくたて》	伝統建築工匠《こうしょう》の技

世界遺産が多い国（2021年現在）

イタリア	58件
中国	56件
ドイツ	51件
スペイン、フランス	49件

※日本は25件

世界遺産登録が決まった仁徳天皇陵古墳（右上）など百舌鳥エリアの古墳群（堺市上空で、本社ヘリから）＝吉野拓也撮影

（「読売新聞」2019年7月7日付）

日本の「世界文化遺産」一覧

法隆寺地域《ほうりゅうじちいき》の仏教建造物	奈良県
姫路《ひめじ》城	兵庫県
古都京都の文化財	京都府・滋賀県
白川郷《しらかわごう》・五箇山《ごかやま》の合掌《がっしょう》造り集落	岐阜県・富山県
原爆《げんばく》ドーム	広島県
厳島《いつくしま》神社	広島県
古都奈良《なら》の文化財	奈良県
日光《にっこう》の社寺	栃木県
琉球《りゅうきゅう》王国のグスク及《およ》び関連遺産群	沖縄県
紀伊《きい》山地の霊場《れいじょう》と参詣道《さんけいみち》	和歌山県・奈良県 三重県
石見《いわみ》銀山遺跡とその文化的景観	島根県
平泉《ひらいずみ》 ――仏国土（浄土《じょうど》）を表す 建築・庭園及び考古学的遺跡《いせき》群	岩手県
富士山 ――信仰《しんこう》の対象と芸術の源泉《げんせん》	静岡県・山梨県
富岡《とみおか》製糸場と絹《きぬ》産業遺産群	群馬県
明治日本の産業革命《かくめい》遺産 ――製鉄・製鋼《せいこう》、造船、石炭産業	岩手県・静岡県・山口県 福岡県・熊本県・佐賀県 長崎県・鹿児島県
ル・コルビュジエの建築作品 ――近代建築運動への顕著《けんちょ》な貢献《こうけん》 （国立西洋美術館本館）(注)	東京都
「神宿る島」宗像《むなかた》・沖ノ島《おきのしま》と 関連遺産群	福岡県
長崎《ながさき》と天草《あまくさ》地方の 潜伏《せんぷく》キリシタン関連遺産	長崎県・熊本県
百舌鳥《もず》・古市古墳《こふん》群 ――古代日本の墳墓《ふんぼ》群	大阪府
北海道・北東北の縄文《じょうもん》遺跡群	北海道・青森県 岩手県・秋田県

(注)国立西洋美術館は、7か国にまたがる世界文化遺産「ル・コルビュジエの建築作品」の1つ

日本の「国民の祝日」

名称《めいしょう》	日付	定義
元日	1月1日	年のはじめを祝う
成人の日	1月の第2月曜日 (2021年は1月11日)	おとなになったことを自覚し、みずから 生き抜《ぬ》こうとする青年を祝いはげます
建国記念の日	政令で定める日 (2月11日)	建国をしのび、国を愛する心を養う
天皇《てんのう》誕生《たんじょう》日	2月23日	天皇の誕生日を祝う
春分の日	春分日 (太陽が春分点を通る日) (2021年は3月20日)	自然をたたえ、生物をいつくしむ
昭和《しょうわ》の日	4月29日	激動《げきどう》の日々を経て、復興を成し遂《と》げた 昭和の時代を顧《かえり》み、国の将来《しょうらい》に思いをいたす
憲法《けんぽう》記念日	5月3日	日本国憲法の施行《しこう》を記念し、 国の成長を期する
みどりの日	5月4日	自然に親しむとともにその恩恵《おんけい》に感謝し、 豊かな心をはぐくむ
こどもの日	5月5日	こどもの人格を重んじ、こどもの幸福を はかるとともに、母に感謝する
海の日	7月の第3月曜日 (2021年は7月22日) ※東京2020オリンピック開会式の前日	海の恩恵に感謝するとともに、 海洋国日本の繁栄《はんえい》を願う
山の日	8月11日 (2021年は8月8日) ※東京2020オリンピック閉会式の日	山に親しむ機会を得て、 山の恩恵に感謝する
敬老《けいろう》の日	9月の第3月曜日 (2021年は9月20日)	多年にわたり社会につくしてきた老人を 敬愛し、長寿《ちょうじゅ》を祝う
秋分の日	秋分日 (太陽が秋分点を通る日) (2021年は9月23日)	祖先をうやまい、なくなった人々をしのぶ
スポーツの日	10月の第2月曜日 (2021年は7月23日) ※東京2020オリンピック開会式の日	スポーツを楽しみ、 他者を尊重《そんちょう》する精神を培《つちか》うとともに、 健康で活力ある社会の実現を願う
文化の日	11月3日	自由と平和を愛し、文化をすすめる
勤労《きんろう》感謝の日	11月23日	勤労をたっとび、生産を祝い、 国民たがいに感謝しあう

国民の祝日

国民の祝日に関する法律《ほうりつ》第1条で「自由と平和を求めてやまない日本国民は、美しい風習を育てつつ、よりよき社会、より豊かな生活を築きあげるために、ここに国民こぞって祝い、感謝し、又《また》は記念する日」とされている。

一問一答にチャレンジ

1 世界遺産《いさん》・無形文化遺産《ぶんかいさん》などの登録を行う国際連合の専門《せんもん》機関を答えなさい。

2 2021年に登録された世界自然遺産に含《ふく》まれる島としてまちがっているものを次から選び、記号で答えなさい。

ア 与那国島《よなぐにじま》　**イ** 西表島《いりおもてじま》　**ウ** 奄美大島《あまみおおしま》　**エ** 徳之島《とくのしま》

3 「北海道・北東北の縄文遺跡群《じょうもんいせきぐん》」に含まれ、青森県に位置する約5900～4200年前に栄えた遺跡を何といいますか。

4 SDGs《エスディージーズ》とは「国連（　　　）な開発目標」の略称《りゃくしょう》です。（　　　）にあてはまる語句を漢字４字で答えなさい。

5 社会的・文化的な男女の違《ちが》い（性別）を何といいますか。

6 「環《かん》太平洋パートナーシップに関する包括《ほうかつ》的及《およ》び先進的な協定」の略称《りゃくしょう》を答えなさい。

7 RCEP《アールセップ》（地域《ちいき》的な包括的経済連携《けいざいれんけい》協定）参加国の1つで、日本の最大の貿易相手国はどこですか。

8 通学や仕事をしながら、身内の介護《かいご》や家事を行う18歳未満の人々を何といいますか。

9 2020年の出生数にもっとも近いものを次から選び、記号で答えなさい。

ア 34万人　**イ** 84万人　**ウ** 134万人　**エ** 184万人

10 2021年6月に発表された性能ランキングにおいて、計算速度などで1位になった日本のスーパーコンピューターの名称《めいしょう》を答えなさい。

11 電子マネーやクレジットカードなどの現金以外でお金を支《し》払《はら》うことを何といいますか。

12 人工知能の略称をアルファベット２字で答えなさい。

13 2024年より新たに1万円札の肖像《しょうぞう》に採用される、「日本資本主義の父」とよばれる人物はだれですか。

14 2024年より新たに5000円札の肖像に採用される、幼少《ようしょう》時にアメリカへ留学し、後に女子英学塾《じゅく》を創立《そうりつ》するなど、日本の女子教育に貢献《こうけん》した人物はだれですか。

15 紙幣《しへい》の発行などを行う、日本の中央銀行を何といいますか。

2022年 入試予想問題

1 次の文章を読んで、あとの問いに答えなさい。

[I]
2021年7月に、①北海道・北東北の縄文《じょうもん》遺跡《いせき》群が世界文化遺産に登録され、②奄美《あまみ》大島、徳之島《とくのしま》、沖縄島《おきなわじま》北部及《およ》び西表島《いりおもてじま》が世界自然遺産に登録されました。この登録により、日本の③世界遺産は自然遺産が５件、文化遺産が20件の合計25件となりました。日本には、まだ世界でも少ない複合遺産の登録はありません。また、日本には、自然遺産や文化遺産だけでなく、④無形文化遺産や世界の記憶《きおく》などもあります。

問１ 下線部①の青森県の三内丸山《さんないまるやま》遺跡について述べた文として、誤《あやま》っているものを次から選び、記号で答えなさい。

ア．鉄の剣《けん》や農具が見つかったことから、集落同士の争いがあったことや農業が行われていたことなどが考えられる。

イ．クリなどを栽培《さいばい》していたと考えられる。

ウ．６本柱の大きな建物の跡《あと》が見つかるなど、高い建築技術を有していたと考えられる。

エ．新潟県の糸魚川《いといがわ》が産地とされるヒスイが見つかったことなどから、他の地域《ちいき》との交流があったと考えられる。

問２ 下線部②について、山林が広がる沖縄島北部を表す沖縄の方言を次から選び、記号で答えなさい。

ア．うーじ　イ．やんばる　ウ．うちなー　エ．ゆいまーる

問３ 下線部③について、世界遺産の登録を決定している国際連合の機関をカタカナで答えなさい。

問４ 下線部③について、右の［地図］は、登録されている日本の世界遺産を表したものです。これを見て、あとの問いに答えなさい。

［地図］

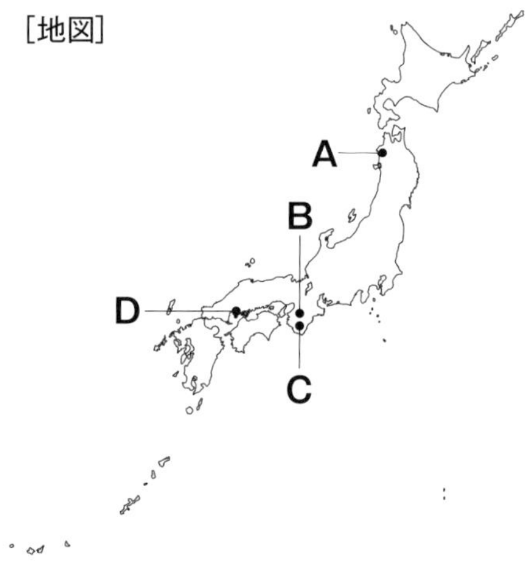

(1) ［地図］中**A**は、白神《しらかみ》山地を示しています。登録されている原生林の種類を次から選び、記号で答えなさい。

ア．マツ　イ．スギ　ウ．ブナ　エ．ヒノキ

(2) ［地図］中**B**は、法隆寺《ほうりゅうじ》を示しています。法隆寺を建立《こんりゅう》したと伝えられる人物はだれですか。

(3) ［地図］中**C**は、紀伊《きい》山地の霊場《れいじょう》と参詣道《さんけいみち》を示しています。この地域にある寺院を次から選び、記号で答えなさい。

ア．延暦寺《えんりゃくじ》　イ．清水寺《きよみずでら》　ウ．東大寺　エ．金剛峯寺《こんごうぶじ》

(4) ［地図］中**D**は、原爆《げんばく》ドームを示しています。原爆ドームのように過去の悲惨《ひさん》な出来事を伝え、二度と起こさないようにするために登録されている世界遺産を「◯の世界遺産」とよんでいます。◯にあてはまる漢字１字を答えなさい。

問５　下線部④について、2020年に無形文化遺産に登録された「伝統建築工匠《こうしょう》の技：木造建造物を受け継《つ》ぐための伝統技術」について、日本古来の木造建造物を受け継ぐための伝統技術として誤っているものを次から選び、記号で答えなさい。

ア．茅葺《かやぶき》　　イ．檜皮《ひわだ》採取　　ウ．建造物彩色《さいしき》　　エ．煉瓦《れんが》製作

2　次のグラフや資料を見て、あとの問いに答えなさい。

問１　［グラフ１］からは、人口減少のほかに少子高齢《こうれい》化が進んでいることが読み取れます。少子高齢化が進むことで想定されることについて述べた文として誤っているものを次から選び、記号で答えなさい。

ア．家族を介護《かいご》する若者《わかもの》が増加する。

イ．歳出《さいしゅつ》に占《し》める社会保障《ほしょう》関係費が増加する。

ウ．働く人の割合《わりあい》（15歳～64歳）が減少する。

エ．山間部や離島《りとう》などにある限界集落が減少する。

［グラフ1］日本の総人口の推移《すいい》と予測

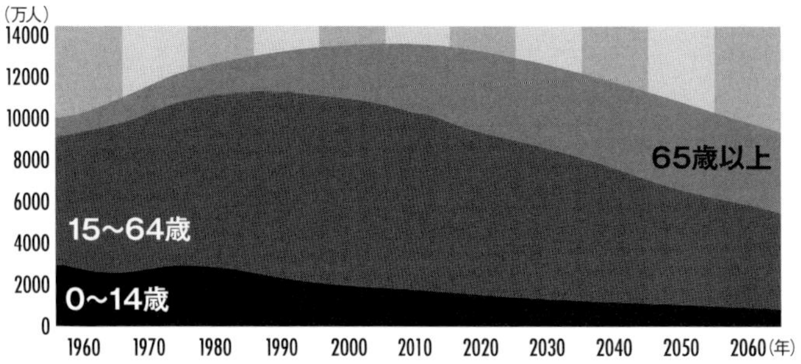

「日本国勢図会2021／22」より

国立社会保障・人口問題研究所「日本の将来推計人口」(2017年推計)などにより作成

［グラフ2］国籍《こくせき》別在留外国人数の割合（2020年末）

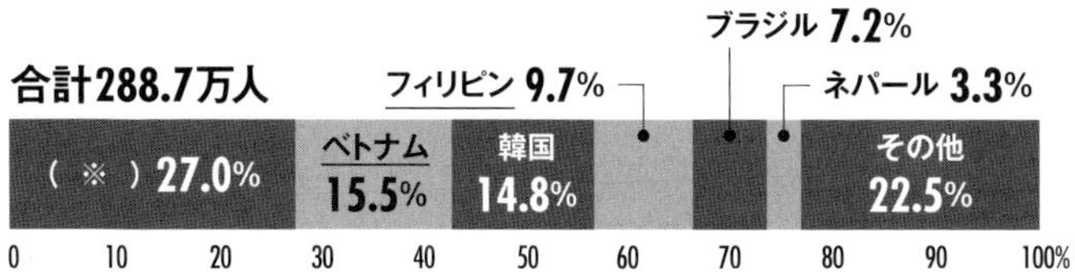

「日本国勢図会2021／22」より

問２　［グラフ２］について、次の問いに答えなさい。

（１）　［グラフ２］中の（　※　）にあてはまる国を答えなさい。

（２）　［グラフ２］中の下線部について、近年、日本で暮《く》らすベトナム人やフィリピン人の方々が急増しています。その理由について、日本での実際の労働を通じて習得した知識などをいかして、母国の発展《はってん》に貢献《こうけん》できる人材の育成に協力することを目的につくられた制度があげられます。この制度を何といいますか。解答欄《らん》に合わせて答えなさい。

問３　［資料］について、次の問いに答えなさい。

（１）　［資料］中の下線部について、SDGsは日本語では何というか答えなさい。

（２）　［資料］に関連して、包装《ほうそう》の傷《いた》みなどで、品質に問題がないにもかかわらず市場で流通できなくなった食品を生活に困《こま》った人や福祉施設《ふくししせつ》に提供《ていきょう》する活動を何といいますか。カタカナで答えなさい。

［資料］

SDGsのアイコン

3 次の［Ⅰ］・［Ⅱ］の文を読んで、あとの問いに答えなさい。

［Ⅰ］
日本企業《きぎょう》の工業製品は海外の人々からの信頼《しんらい》も厚く、世界各地に日本企業の製品があふれています。しかし、近年は韓国や中国をはじめ、アジア各国の工業化が進み、なかには日本の製品に引けを取らない品質のものも見られるようになりました。一方、日本国内では①産業の空洞《くうどう》化が進み、日本の大手メーカーが海外企業の傘《さん》下《か》に入る事例もみられ、海外との関係の一体化が進む経済《けいざい》の（ ② ）化が加速しています。このような状況《じょうきょう》のなか、日本がこれからも世界の工業をリードするためには、③ TPP11・日米貿易協定・RCEP《アールセップ》などの新たな貿易のルールの活用や、情報社会を推進《すいしん》する新たな産業への支援《しえん》が求められます。

問1 下線部①について、産業の空洞化とはどのようなことか、説明しなさい。

問2 （ ② ）にあてはまる語句をカタカナで答えなさい。

問3 下線部③について、次の問いに答えなさい。

(1) これらの新たな貿易のルールにおいては、加盟《かめい》国間の貿易にかかる税の引き下げや廃止《はいし》が行われます。この税を何といいますか。

(2) 日本の TPP11・日米貿易協定・RCEP の発効による影響《えいきょう》について、日本の自動車工業の観点から説明しなさい。

［Ⅱ］
現代の日本は情報社会といわれ、近年はとくに情報（ A ）技術（ICT）とよばれる技術の活用などが重視《じゅうし》されるようになりました。インターネットやスマートフォンを活用したサービスが登場するようになり、インターネットが社会に与《あた》える影響も大きくなりました。企業では様々な手段《しゅだん》によって得た大量の情報を利用した商品開発や販売《はんばい》計画を立てることができるようになりました。
情報社会においては多くの情報の中から正しくて必要な情報を自分で選んで活用する（ B ）が大切です。また、情報を発信するときには氏名や住所など（ C ）の流出や、映画や音楽などの創作物に発生する（ D ）の侵害《しんがい》に注意し、トラブルにならないように気をつけて利用することが求められます。

［グラフ］日本の広告費の推移《すいい》

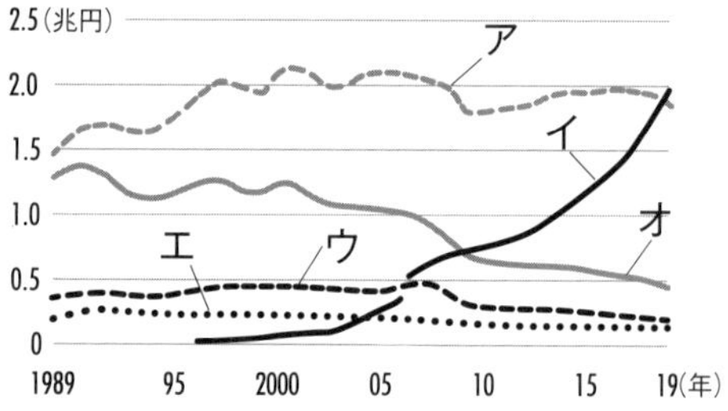

※「日本のすがた2021」より

問1 （ A ）～（ D ）にあてはまる語句を答えなさい。

問2 下線部について、次の問いに答えなさい。

(1) Facebook《フェイスブック》などに代表される、登録された利用者同士が交流を深めることができるインターネット上のサービスを何といいますか。アルファベット大文字３文字で答えなさい。

(2) 家電製品など、これまでインターネットにつながっていなかったものをつなげることを何といいますか。次から選び、記号で答えなさい。

ア．QOL　イ．POS　ウ．IoT　エ．ETC

(3) 電子マネーや QR コードなど、現金を使わずに支払いを行うことを何といいますか。解答欄に合わせてカタカナで答えなさい。

問3 下線部に関連して、右上の［グラフ］はラジオ、雑誌《ざっし》、インターネット、テレビ、新聞の広告費の動きです。インターネットを示しているものを［グラフ］中から選び、記号で答えなさい。

1 解答欄《らん》

問1	

問2	

問3	

問4	(1)		(2)		(3)		(4)	

問5	

2 解答欄

問1	

問2	(1)		(2)	制度

問3	(1)		(2)	

3 解答欄

[I]

問1	

問2	化

問3	(1)		(2)	

[II]

問1				
	A		B	
	C		D	

問2	(1)				(2)		(3)	決済

問3	

適性検査・表現型問題

1 少子高齢《こうれい》化について調べているゆうきくんは、次の［資料1］・［資料2］を見つけました。これを見て、気づいたことを書きなさい。

［資料1］ **1970年と2021年の一般《いっぱん》会計歳出《さいしゅつ》の主要経費内訳《うちわけ》**（会計年度）（単位：億円）

	1970年度決算額	1970年度(%)	2021年度予算案	2021年度(%)
社会保障《ほしょう》関係費	11515	14.1	358421	33.6
文教および科学振興《しんこう》費	9652	11.8	53969	5.1
国債《こくさい》費	2870	3.5	237588	22.3
地方交付税交付金	17716	21.6	155912	14.6
防衛関係費	5906	7.2	53235	5.0
公共事業関係費	14406	17.6	60695	5.7

※%は一般会計決算額または予算案の合計にしめる割合《わりあい》
※「数字でみる日本の100年 改訂第6版」「日本国勢図会2021/22」財務省「2021年度予算案」などにより作成

［資料2］ **1970年と2020年の年齢階級別人口構成**

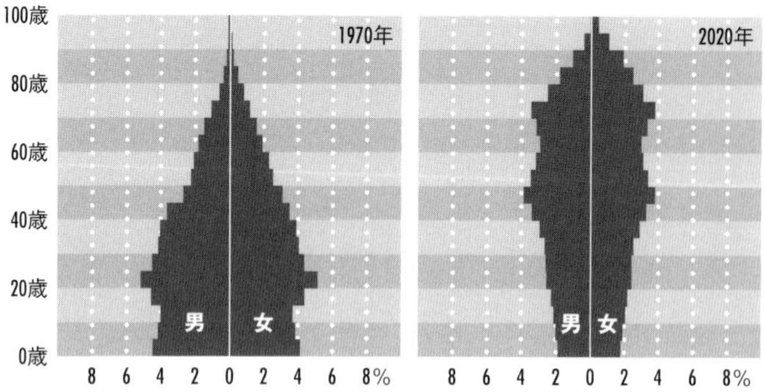

※「日本国勢図会2021/22」より

課題

2 SDGs《エスディージーズ》（持続可能な開発目標）について、社会的・経済的《けいざいてき》に立場の弱い発展途上国《はってんとじょうこく》の農産物などの商品に対し、適正な価格で継続的《けいぞくてき》に購入《こうにゅう》することで、生産者や労働者に仕事の機会をつくりだし、彼《かれ》らが自らの力で暮《く》らしを向上させることを支援《しえん》する取り組みとして、「フェアトレード」があげられます。「フェアトレード」とSDGsとのかかわりについて、次の２つの目標のいずれかを選び、どのようなかかわりがあるか、あなたの考えを説明しなさい。

課題

※どちらを選んでもかまいません。

第4章
海外の出来事

バイデン米大統領が就《しゅう》任《にん》

強大化する中国

ミャンマーで軍事政《せい》権《けん》が復活

核《かく》兵《へい》器《き》禁止条約が発効

この記事もチェックしておこう!

スエズ運河でコンテナ船が座《ざ》礁《しょう》／アフガニスタンでタリバンが政権を掌《しょう》握《あく》

時事カレンダー2021 (新型コロナウイルスに関する出来事は第1章を読みましょう)

時期	主な出来事
2021年 1月	アメリカ・バイデン大統領が就任
2月	ミャンマーで国軍によるクーデターが発生
3月	スエズ運河で封鎖《ふうさ》事故
6月	イギリス・コーンウォールでG7サミット開催《かいさい》
10月	アラブ首長国連邦《れんぽう》でドバイ万博開催

今後の予定

2022年 2月	中国で北京冬季オリンピック開催
11月	カタールでサッカーワールドカップ開催

バイデン米大統領が就《しゅう》任《にん》

「米国団結に全霊」

バイデン大統領就任演説

【ワシントン＝横堀裕也】米民主党のジョー・バイデン氏❶(78)は20日正午（日本時間21日午前2時）、首都ワシントンの連邦議会議事堂で行われた大統領就任式で宣誓し、第46代米国大統領に就任した。就任演説では「私は国家と国民を団結させることに全霊をささげる」と誓った。

〈演説要旨3面、関連記事3・9面〉

コロナ対策・国際協調 決意

▲20日、聖書に左手を置いて就任宣誓するバイデン氏（左）。隣はジル夫人＝AP

動画

演説は融和の訴えに重点が置かれた。米社会の分断について「我々の分断は深く、かつ現実のものだ」と危機感を示した上で、世界恐慌や世界大戦、米同時テロなど過去の国難を振り返り、「我々は団結することで乗り越えてきた」と対立の克服を説いた。

トランプ前大統領の支持者が議場を一時占拠した今月6日の事件を踏まえ、「我々は民主主義が貴重で壊れやすいことを学んだが、民主主義は勝利した。暴力をもって民主主義のプロセスを止める試みは絶対に許されない」と訴えた。

「私は全ての米国人の大統領になる。私を支持した人々だけでなく、私を支持しなかった人々のためにも全力で戦う」とも述べ、分断克服に向けて指導力を発揮する決意を表明した。

バイデン氏はまた、新型コロナウイルスの感染拡大について「最も厳しい局面に入りつつある」とし、最優先で対策に取り組む姿勢を明確にした。演説の途中で犠牲者に黙とうをささげ、「政治的な違いは脇に置き、一つの国家として対《たい》峙《じ》していかなければならない」と呼びかけた。

外交・安全保障に関しては「同盟関係を修復し、世界に再び関与していく」と語った。

副大統領にはカマラ・ハリス前上院議員(56)が女性で初めて就任した。バイデン氏は演説で「歴史的な就任となった」と強調した。

トランプ氏は就任式に出席せず、任期切れ直前の20日午前にホワイトハウスを出てフロリダ州の邸宅に向かった。昨年11月の大統領選で不正があったと主張し、最後まで敗北を認めなかった。共和党からはマイク・ペンス前副大統領やジョージ・ブッシュ元大統領（子）らが出席した。

新型コロナ感染防止のため、就任式の出席者数は大幅に制限され、全員がマスク着用を求められた。議事堂から西へ延びる広大な緑地帯ナショナルモールは、通常なら大観衆で埋まるが、今回は立ち入り禁止となり、代わりに無数の小さな米国旗が並べられた。テロや衝突を警戒して州兵約2万5000人が動員され、首都全体に厳戒態勢が敷かれた。

就任演説のポイント

▽今日は民主主義の日だ。民主主義は勝利した
▽新型コロナは100年に１度のウイルスだ。克服するには団結する必要がある
▽国民と国家の団結に全霊をささげる。全ての米国人の大統領になる
▽同盟関係を修復し、世界に再び関与していく

（「読売新聞」2021年1月21日付）

大統領の就任時年齢

就任年	大統領	年齢
2021年	ジョー・バイデン	78歳 最年長
2017年	ドナルド・トランプ	70歳
1981年	ロナルド・レーガン	69歳
⋮	⋮	⋮
2009年	バラク・オバマ	47歳
1869年	ユリシーズ・グラント	46歳10か月
1993年	ビル・クリントン	46歳 5か月
1961年	ジョン・F・ケネディ	43歳
1901年	セオドア・ルーズベルト	42歳 最年少

（「読売中高生新聞」2021年1月29日付）

CHECK

大統領就任式に前大統領が欠席したのは1869年以来のことである。

CHECK

カマラ・ハリス副大統領は、女性初・黒人初の副大統領（黒人初の大統領はオバマ氏）。

就任演説のポイント

At this hour, my friends, democracy has prevailed.
皆さん、民主主義は今この時をもって勝利した

I will be a president for all Americans.
私は全てのアメリカ国民の大統領になる

We will repair our alliances and engage with the world once again.
私たちは同盟関係を修復し、再び世界に関与する

バイデン大統領は就任演説において、「民主主義」という言葉を多用した。

（「読売中高生新聞」2021年1月29日付）

重要語句

❶ジョー・バイデン

第46代アメリカ大統領。長らくアメリカの上院議員を務め、オバマ政権《せいけん》では副大統領を務めた。

❷パリ協定

2015年のCOP《コップ》21（国連気候変動枠《わく》組《ぐ》み条約）において採択《さいたく》された、気候変動に関する国際的な枠組み。温室効果ガスの削減《さくげん》を目指す。

❸WHO（世界保健機関）

P14参照

記事のポイント

異例《いれい》づくしの大統領選挙を経ての大統領就任

2020年に行われたアメリカ大統領選挙は新型コロナウイルスの流行をふまえ、期日前投票や郵便《ゆうびん》投票が行われました。その結果投票率が向上し、❶バイデン氏は過去最高となる約8000万票を獲得《かくとく》しました。トランプ氏も約7000万票を獲得しています。しかし、郵送された複数枚《まい》の投票用紙に同じ人物の文字と思われる筆跡《ひっせき》が見られたり、投票用紙が紛失《ふんしつ》したりするなど、投票に関するトラブルも相次ぎました。このような事態を根拠《こんきょ》としてトランプ氏は大統領選挙の敗北を認《みと》めず、支持者に抵抗《ていこう》をよびかけました。その結果、2021年1月にはトランプ氏支持派《は》の人々が首都ワシントンD.C.の連邦《れんぼう》議会を占拠《せんきょ》するなど、混迷《こんめい》を極《きわ》めました。このようななか、2021年1月にバイデン氏が第46代アメリカ大統領に就任しました。バイデン氏はオバマ氏以来となる民主党《とう》からの大統領で、アメリカ史上最高齢の78歳《さい》で就任しました。

トランプ前大統領の政策《せいさく》からの転換《てんかん》

バイデン大統領は大統領就任式において、宣誓《せんせい》後、「アメリカをまた1つにまとめて、立て直すため、全身全霊《ぜんれい》をかける」などと演説しました。**バイデン大統領は就任後すぐに、トランプ氏が疑念《ぎねん》を抱《いだ》いていたことから離脱《りだつ》した❷パリ協定への復帰や、トランプ氏が新型コロナウイルスへの対応が中国寄りであることを非難《ひなん》していた❸WHOからの脱退《だったい》手続きの取り消しなどを実行しました。**バイデン大統領は自国優先《ゆうせん》主義（世界各国との協調よりも自国の利益をまず優先すべきとの考え方）が目立ったトランプ氏の政策を次々と転換させ、世界各国との協調を優先する方向に舵《かじ》を切りました。しかしながら、近年はアメリカに対抗しうる国になりつつある中国に対しては、トランプ氏に引き続き厳《きび》しい態度で臨《のぞ》むものとみられています。

ここも勉強しよう！

グローバル化と自国優先主義

ソビエト連邦の崩壊《ほうかい》（1991年）以降《いこう》、情報社会の到来《とうらい》もあり、人・モノ・資本の国境をこえた自由な移動が活発化し、経済《けいざい》活動のグローバル化が進みました。

しかし、グローバル企業《きぎょう》は豊富な資金力を背景《はいけい》に、人件費の安い国に進出して多くの労働者を働かせました。また、国境をこえた活動のもと、世界各地で採用された優秀《ゆうしゅう》な人材が活躍《かつやく》する一方、貧富の差がさらに拡大《かくだい》しました。

その結果、トランプ前大統領のように自国優先主義を唱える意見が2010年代後半から世界各地で目立つようになりました。

主なアメリカ大統領

初代	**ジョージ・ワシントン** イギリスから独立を果たした
16代	**エイブラハム・リンカーン** 奴隷《どれい》解放宣言《せんげん》や「人民の、人民による、人民のための政治」という言葉などで知られる
26代	**セオドア・ルーズベルト** 日露《にちろ》戦争で日露を仲介《ちゅうかい》し、ポーツマス条約を結ばせた
28代	**ウッドロウ・ウィルソン** 国際連盟《れんめい》の設立を提唱した
32代	**フランクリン・ルーズベルト** ニューディール政策を行った
36代	**リンドン・ジョンソン** 公民権法を制定した
41代	**ジョージ・H・W・ブッシュ** マルタ会談でアメリカとソ連の冷戦終結を宣言した

アメリカ軍のアフガニスタン撤退《てったい》 (P83)

強大化する中国

中国の情報・監視《かんし》社会

中国都市部では日本以上にキャッシュレス化が進み、日常生活での支払《しはら》いや手続きの多くをスマートフォンで行っている。一方、一部のSNSへのアクセスを遮断《しゃだん》したり、特定の言葉を検索《けんさく》できないようにするなど、インターネットの検閲《けんえつ》が行われている。

天安門の楼上《ろうじょう》で演説する習近平《シージンピン》総書記

CHECK

黄河の流れる北方では小麦が、長江《ちょうこう》の流れる南方では米が多く食べられている。

CHECK

かつて行われた人口抑《よく》制策《せいさく》（1人っ子政策）は、中国国内の少子高齢化を加速させた。

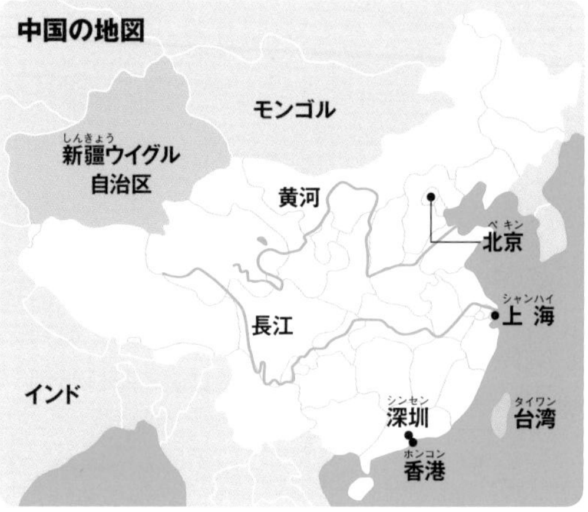

一党支配を堅持

中国共産党❶100年

【北京＝田川理恵】中国共産党の習近平《シージンピン》総書記（国家主席）は1日、北京の天安門広場で開かれた党創設100年の祝賀式典で演説した。習氏は、中国を世界第2位の経済大国とした党の歴史的業績を誇示し、一党支配体制を堅持していく姿勢を示した。「いかなる台湾独立のたくらみも断固打ち砕く」とも述べ、中台統一に強い意欲を示した。〈習氏演説要旨6面、関連記事2・3・4・6・7面〉

習氏演説 台湾❷統一 強い意欲

習氏は1921年の党創設以来、党が帝国主義に打ち勝ち、「中華民族の偉大な復興」を実現するための政治制度の基盤を築いてきたと述べ、「共産党の指導は中国の特色ある社会主義❸制度の最大の優位点だ」と強調した。欧米の民主主義システムは今後も受け入れないことを示したものだ。

「社会の大きな矛盾と変化がもたらす新たな要求について、深刻に認識しなければならない」と、一党支配のひずみで生じている格差拡大や少子高齢化などに危機感も示した。

習総書記演説のポイント

- ▷台湾問題を解決し、祖国の完全な統一を実現することは党の歴史的任務
- ▷（香港で）国家の安全を維持する法制度を履行する
- ▷中国軍を世界一流の軍隊にする
- ▷外部勢力がいじめや抑圧を行い、中国人を奴隷扱いすることは許さない
- ▷共産党の強固な指導を堅持する

習氏は台湾問題について、「祖国の完全統一を実現することは党の歴史的任務だ」と主張した。平和統一を呼びかける一方、「国家主権と領土を守り抜くという中国人民の揺るぎない決意を甘く見てはいけない」として、「一つの中国」原則を受け入れない蔡英《ツァイイン》文《ウェン》政権をけん制した。

米国や欧州との対立が深まっていることを念頭に「世界が100年で経験したことがない大変革」が起きているとの認識を示した。「外部勢力が我々をいじめ、抑圧し、奴隷扱いすることを決して許さない」と強調し対中圧力に徹底的に対抗していく姿勢も示した。

香港については、反体制派を取り締まる国家安全維持法（国安法）の着実な履行により「長期的な繁栄と安定を維持する」として、民主派などに対する締め付けを正当化した。対外強硬姿勢に、国際社会からの懸念が一層強まりそうだ。

（「読売新聞」2021年7月2日付）

重要語句

❶中国共産党《きょうさんとう》

1921年に共産主義インターナショナル（コミンテルンとも）の指導を受けて上海で創設《そうせつ》された政《せい》党《とう》。1949年の中華《ちゅうか》人民共和国の建国以降《いこう》、一貫《いっかん》して中国を支配してきた。

❷台湾《タイワン》

第2次世界大戦後、内戦に敗れた中国国民党が政府を移転した。現在、日本は国家として承認《しょうにん》していない。現在の総統は民主進歩党の蔡英文《さいえいぶん》氏。

❸社会主義

個人の私有《しゆう》財産を否定《ひてい》し、工場や会社を国有化し、平等な社会を目指そうという考え。

❹主要国首脳《しゅのう》会議（G7サミット、サミット）

G7（日本、アメリカ、カナダ、フランス、ドイツ、イタリア、イギリス）およびEU（欧州連合）の代表者による会議。

記事のポイント

中国共産党の誕生《たんじょう》と中華人民共和国の成立

中華人民共和国は面積約960万km^2（世界第4位）、人口約14億人（世界第1位）の国です。50をこえる民族をかかえる国家ですが、人口の多くは漢民族が占《し》めています。

❶中国共産党は1921年、中華民国（当時）の上海で結党されました。その後、中国国民党と内戦状態になるものの、日中戦争（1937～45年）時には中国国民党と協力して日本軍と戦いました。

しかし、日中戦争が終わると再び内戦が始まりました。

内戦は当初、中国国民党側が戦いを優位《ゆうい》に進めたものの、ソ連の援助《えんじょ》を得た中国共産党側が徐々《じょじょ》に盛《も》り返し、1949年には中国共産党側が多くの重要都市を占領《せんりょう》し、同年10月に毛沢東《もうたくとう》は中華人民共和国の樹立《じゅりつ》を宣言《せんげん》しました。

中国共産党の支配と「1つの中国」

中国本土を失った中国国民党は❷台湾へのがれ、アメリカの後《うし》ろ盾《だて》を得ながら中国の代表権《けん》をめぐり、中華人民共和国と対立を続けました。しかし、1971年に国際連合は中華人民共和国を中国の代表と認《みと》め、翌《よく》1972年には日本も田中角栄首相《しゅしょう》が中国を訪問《ほうもん》して日中共同声明を出し、中華人民共和国の政府が中国唯一《ゆいいつ》の合法政府であると認めました。

台湾は1970年代より工業化が進みアジアNIES《ニーズ》（新興工業経済地域《けいざいちいき》）とよばれるようになりました。また、1990年代には民主化を達成しました。現在、台湾は中国が主張する、「1つの中国（台湾は中国の一部であるという考え）」を拒絶《きょぜつ》し、事実上の独立状態を維持《いじ》する動きを強めています。

ここも勉強しよう！

中国の経済発展《はってん》と人権《じんけん》問題

1970年代後半より中国は改革《かいかく》開放とよばれる政策《せいさく》によって資本主義的な経済の導入を始めました。深圳《シンセン》などが経済特区に指定され、外国の資本・技術の導入が認められました。**工業化が進んで「世界の工場」とよばれるようになり、GDP（国内総生産）はアメリカに次ぐ世界第2位にまで成長しました。**

一方で、中国共産党の強権的な政治が問題視《し》されています。近年は、中国北西部の新疆《しんきょう》ウイグル自治区ではウイグル族をはじめとしたイスラム教徒の人々が弾圧《だんあつ》され、アメリカはジェノサイド（大量虐《ぎゃく》殺《さつ》）が行われていると批判《ひはん》しています。

G7と中国

2021年6月、イギリスのコーンウォールで❹主要国首脳会議が開催《かいさい》され、ウイグル族などへの弾圧問題や香港の一国二制度（香港《ホンコン》に独自の政治、経済体制を保障《ほしょう》する制度）がないがしろにされていることなどが批難されました。しかし、中国はこれらの問題は中国の内政問題であるとして反発しています。

記念撮影《さつえい》をするG7首脳（2021年6月11日、上段左より）ミシェル欧州理事会議長、菅首相（日本）、ドラギ首相（イタリア）、フォンデアライエン欧州委員会委員長（下段左より）トルドー首相（カナダ）、バイデン大統領（アメリカ）、ジョンソン首相（イギリス）、マクロン大統領（フランス）、メルケル首相（ドイツ）

ミャンマーで軍事政《せい》権《けん》が復活

ミャンマー選手 難民認定
初の緊急措置 審査2か月

サッカー・ワールドカップ予選出場のためミャンマー代表として来日し、母国への帰国を拒否しているピエ・リヤン・アウン選手(27)に対し、大阪出入国在留管理局は20日、難民として認定したことを伝えた。審査は2年ほどかかるケースが多いが、政府は在留ミャンマー人に緊急避難措置を講じており、今回は2か月で認められた。措置が始まった5月下旬以降の申請で難民と認定されるケースは初めて。

同選手は5月28日の日本戦でクーデターを強行した国軍への抵抗の意思を示す「3本指」を掲げた。6月16日に関西空港で「帰国すれば命の危険がある」として保護を求め、同22日に難民認定を申請した。

この日、大阪入管を訪れた同選手は、認定証明書を受け取った後、「安心した。サッカーの練習や日本語の勉強をしっかりやっていきたい」と話した。

難民認定は、人種や政治的意見などを理由に、本国で迫害を受ける恐れがある外国人に日本での在住を認める制度。認定されると、原則として5年間の定住が認められ、永住許可を得るための要件も緩和される。国民年金や福祉手当などの受給資格も得られる。

政府は希望するミャンマー人に、6か月の在留と就労を認め、難民認定申請は迅速に審査する緊急避難措置を講じている。同選手は7月2日、在留資格を取得し、現在はサッカーJ3・YSCC横浜（横浜市）に練習生として参加している。

措置の対象となっているミャンマー人は8月13日現在、約1900人いる。

「読売新聞」2021年8月20日付）

選挙惨敗 国軍焦り
ミャンマークーデター
反発覚悟「支配」誇示

ミャンマーで1日、国軍がクーデターを強行し、政権トップのアウン・サン・スー・チー国家顧問らを拘束した。国軍は惨敗した昨年11月の総選挙結果への焦りから、国内外の批判も顧みず、自らが国家を支配しているという「力の誇示」に出たものとみられる。（バンコク 田原徳容、本文記事1面）

■「大量の不正」主張

1日午前、国軍は「国防治安評議会」を開催した。ミン・アウン・フライン国軍最高司令官らが非常事態宣言下での国家運営などを話し合った上で、宣言発令に関する声明を出した。

1日、非常事態宣言発令を伝えるミャンマー国営放送（MRTV）のアナウンサー＝AFP時事／MRTV／AFPTV

スキャナー SCANNER

声明は、クーデターを正当化する主張となった。総選挙で有権者名簿の大量不正があったと強調し、「選挙管理委員会が解決できず、国家の安定が阻害されている事態」を打開するため、憲法に基づき宣言を発令したと説明した。

国軍は総選挙結果が確定して以降、「不正」を理由に開票作業のやり直し、1日から予定されていた下院の開会延期を求めてきた。スー・チー氏率いる最大与党の国民民主連盟（NLD）政権や選管は、「選挙は公正に行われた」として譲らず、平行線をたどっていた。

総選挙ではNLDが改選議席の8割を獲得し、単独過半数を達成した。国軍系野党・連邦団結発展党（USDP）は獲得33議席という惨敗に終わっていた。国軍は、選挙で圧勝したNLDに軽視されていると受け取った可能性が高い。国民から影響力が低下したとみなされることへの焦りもあったようだ。

■優位な制度設計

国軍はNLD政権に対し、圧倒的に優位な立場にあった。憲法は国軍の政治関与を明文化している。上下院議員の4分の3を超える賛成で改正が可能だが、上下院には4分の1の軍人枠が規定されており、軍からの造反がない限り改正は阻止される設計となっていた。NLD政権は、武力も擁する国軍に一定の配慮を示しながら政権運営を進めざるを得ない状況だった。

スー・チー氏は、少数派のイスラム系住民ロヒンギャへの迫害を巡り、掃討作戦を展開した国軍の関与を明確に認めないなど、国軍寄りの姿勢を示し、国際社会で非難を浴びても態度を変えなかった。「国軍はスー・チー氏をコントロールできているとみている」（外交筋）ともみられていた。

■制御失う危機感

ただ、スー・チー氏は国軍による選挙の「不正」の指摘は決して受け入れなかった。国軍との対立は避けつつも、国民の絶大な支持を背景に議会勢力を拡大し、国軍の関与低下につなげる思惑があった可能性がある。

昨年の総選挙でスー・チー氏のカリスマ性を改めて認識した国軍は、今後、スー・チー氏やNLD政権への制御を失うことへの危機感を募らせたとみられる。2期目の政権準備がさらに進むことになる下院開会直前のタイミングを見計らい、「国軍が国家権力を支配している」という実情を改めて周知させる必要性があると考えた可能性がある。

民主化の象徴として国内外で高い知名度を誇るスー・チー氏の拘束に対しては、国際社会だけでなく国民の強い反発も予想される。ただ、国軍にとっては承知の上での決断だった模様だ。今後は、実施を表明した次期総選挙までにNLDを弱体化させ、有利な選挙結果を得られるような政権運営を進めていくことは確実だ。

ミャンマーの主要課題に対するNLD政権と国軍の姿勢

スー・チー氏（ロイター）
ミン・アウン・フライン国軍最高司令官（AFP時事）

NLD政権		国軍
上下院の4分の1を占める軍人枠の議席数削減などを求める改正案を国会に提出するが、否決	現行憲法	2008年に当時の軍事政権が制定。現状の内容を支持
武装勢力との交渉進まず	少数民族和平	一部の武装勢力との戦闘、停戦を繰り返す
民主的に行われ、問題はなかった	2020年総選挙	1000万件を超す不正があった可能性

スー・チー氏を巡る動き

1988年	国民民主連盟（NLD）を結成
89年	自宅軟禁下に
90年	NLD、30年ぶりの複数政党参加の総選挙で圧勝
91年	ノーベル平和賞受賞
95年	自宅軟禁解除。その後2010年まで2度にわたって軟禁と解除を繰り返す
2008年	新憲法成立
10年	NLD、20年ぶりの総選挙をボイコット
12年	NLD議長に就任。議会補欠選挙に立候補し当選
15年	NLD、総選挙で圧勝
16年	国家顧問に就任
20年	NLD、総選挙で圧勝

（「読売新聞」2021年2月2日付）

CHECK

ミャンマー国内だけでなく、日本で暮《く》らすミャンマー人からも、軍事政権に対する反発が高まっている。

重要語句

❶ミャンマー（ミャンマー連《れん》邦《ぽう》共和国）
東南アジアに位置する仏教国で、ASEAN《アセアン》（東南アジア諸国《しょこく》連合）加盟国《かめいこく》。国民の約70%をビルマ族が占《し》める。首都はネーピードー（ネピドー）。

❷クーデター
軍隊などが武力を用いて政権をうばうこと。

❸アウン・サン・スー・チー
1991年にノーベル平和賞を受賞。

❹アラブ諸国《しょこく》
アラビア半島やアフリカ北東部に位置する、主にアラブ人が住む国々。サウジアラビア・エジプトなど。

❺シリア（シリア・アラブ共和国）
アラブ諸国の1つ。国民の多くがイスラム教徒。首都はダマスカス。

❻UNHCR
国連難民《なんみん》高等弁務官事務所の略称《りゃくしょう》。難民に対する支援《しえん》を行う。2019年に亡《な》くなった緒《お》方貞子《がたさだこ》さんは日本人初の国連難民高等弁務官を務めた。

記事のポイント

ミャンマーで軍事クーデターが発生

現在の❶ミャンマーは、19世紀にイギリスの植民地となり、太平洋戦争中は日本軍の支配を受けるも、1948年に独立を果たしました。しかし、政情が不安定な時期が続きました。1988年の軍による❷クーデターの際に民衆《みんしゅう》の前で演説を行った❸アウン・サン・スー・チー氏は民主化運動の象徴《しょうちょう》となりましたが、クーデター後に成立した軍事政権と対立しました。2015年には自ら率いる政党《せいとう》が選挙で多数の議席を獲得《かくとく》し、実質的なスー・チー氏による政権が誕生《たんじょう》しました。ミャンマーと国際社会との関係が大きく改善すると、最大都市ヤンゴンなどには多くの日本企業《きぎょう》が進出しました。しかし、2021年2月、スー・チー氏をはじめとした数人が軍部によって身柄《みがら》を拘束《こうそく》され、再び軍事政権が誕生しました。ミャンマーでは市民らによる抗議《こうぎ》活動が発生し、犠牲者《ぎせいしゃ》も出ました。

ロヒンギャ難民問題をかかえるミャンマー

ミャンマーのイスラム系《けい》少数民族ロヒンギャの人々はかねてから大多数を占める仏教系の人々と対立を深めていました。軍事政権下において様々な場面で迫害《はくがい》され、難民となる人も大勢いました。現在も、隣国《りんごく》のタイやバングラデシュの難民キャンプで厳《きび》しい環境《かんきょう》のなか暮《く》らしている人がいます。かつてロヒンギャの人々はスー・チー氏に対して期待を寄せていましたが、2017年に軍部が弾圧《だんあつ》を強めた際、スー・チー氏は軍部による弾圧の事実を否定《ひてい》しました。これ以降《いこう》、国際社会からも批判《ひはん》されるようになるなど、スー・チー氏の評価にも変化がみられるようになりました。

ここも勉強しよう！

シリア内戦の発生から10年

2010年から2012年にかけ、❹アラブ諸国で「アラブの春」とよばれる民主化を求める運動が起こりました。❺シリアでも2011年に反政府デモが起こり、アサド大統領率いるシリア政府はこれを弾圧しました。この弾圧をきっかけに、シリア政府と反政府勢力との武力衝突《しょうとつ》が発生し、内戦状態に突入しました。アメリカなどがシリア政府の人権弾圧を非難し、反政府勢力を支援《しえん》する一方、ロシアはシリア政府を支持しました。さらに、2014年にはシリアと隣国のイラクの領内の一部を実効支配した過激派《かげきは》組織ISIL（イスラム国）が一方的に国家樹立《じゅりつ》を宣言《せんげん》すると、混乱《こんらん》に拍車《はくしゃ》がかかりました。その後、激しい戦闘《せんとう》の末に、ISILは実質的に崩壊《ほうかい》しましたが、ISILとの戦いに注目が集まるなか、シリア政府は反政府勢力との戦いを有利に進めていますが、数十万人の犠牲者と1000万人以上の難民や亡命《ぼうめい》者を出した上で、2021年現在も交戦は続いています。**シリアは2021年現在難民がもっとも多く生まれた国であり、❻UNHCRなどによる支援も行われています。**

核《かく》兵器禁止条約が発効

CHECK

広島・長崎への❶原爆《げんばく》投下から76年を迎《むか》え、原爆投下当時の様子を知る人が減りつつある中、被《ひ》爆《ばく》体験を次の世代へと語《かた》り継《つ》ぐことが急がれる。

核なき世界へ 願い新た

禁止条約 発効

広島「抗議の歌声 なくなる日を」

核兵器を全面的に禁止する核兵器禁止条約が22日発効した。核兵器の廃絶を願い、地道な訴えを続けてきた被爆者は、万感の思いでこの日を迎えた。（山本慶史、牟田口洸介）

核兵器廃絶を願い、合唱仲間とともに歌声を披露する河合さん（前列右）（6日、広島市中区の平和記念公園で）＝金沢修撮影

広島市中区の平和記念公園で毎月、合唱グループ「虹のコーラス」の一員として平和を願う歌を歌い続けている被爆者の河合よねさん（83）（広島市南区）は条約の発効を受け、「大きな一歩。でも、世界にまだ多くの核兵器が残っている」と語った。

合唱のきっかけは1995年にフランスが南太平洋で強行した核実験だった。同公園で抗議集会に参加した河合さんは、数人の仲間とその場で歌を披露。「一度きりでなく、核がなくなるまでやろう」と呼びかけた。同年10月から毎月6日、正午過ぎの30分間、❶原爆で家族を失った悲しみをつづり平和を求める「青い空は」などを歌っている。

45年8月、河合さんは広島の爆心地に近い国民学校の2年生だった。家族で隣村に疎開して無事だったが、原爆投下の翌日、行方不明の伯父を捜すため、母らと広島市内へ入って被爆した。

瀕死《ひんし》の人々にたかるハエの群れ、遺体があふれた川……。言語に絶する光景はトラウマになり、原因不明の吐き気も続いた。親類を頼って愛媛県へ引っ越した後は、差別を恐れて被爆者であることを隠した。結婚し、2人の息子が生まれた時も被爆の影響がないことだけを祈った。

「反核」のシュプレヒコールでも、座り込みでもなく、「自分たちができることを」と、ただ歌声を響かせるだけの集い。参加者が1人だけのこともあったが、ほぼ途切れることなく続け、コロナ禍でもマスクをつけて行っている。

現在のメンバーは、女性を中心に50～80歳代の約20人。病気や親の介護で毎月の参加が難しくなっている人もいるが、昨年12月には300回目の節目を迎えた。「条約の発効は歓迎したいが、核なき世界への道のりはまだ遠い。いつか歌わなくてもいい日が来てほしい」と願っている。

核兵器禁止条約　2017年7月に❷国連で採択された国際条約。核兵器の開発や保有、使用などを包括的に禁じる。批准した国・地域が昨年10月24日、発効条件の50に達し、90日後の発効が決まった。世界の核兵器の9割を持つ米露など核保有国は参加せず、日本政府も核実験を繰り返す北朝鮮などの脅威を前に、米国の核抑止力は不可欠との立場から参加を見送っている。

「後遺症 苦しみ伝える」 長崎の被爆医師

被爆者で日赤長崎原爆病院名誉院長の朝長《ともなが》万左男《まさお》さん（77）（長崎市）は22日、長崎市の平和祈念像前で被爆者団体が開いた集会に参加し、「核なき世界への道がスタートした」と思いを新たにした。

条約発効を歓迎する集会であいさつする朝長さん（手前）（22日午前、長崎市の平和公園で）

2歳の時、爆心地から2・5キロで被爆。自身にけがはなかったが、戦後、多くの被爆者が白血病に苦しむ中、「原因を究明したい」と医師を志した。

核兵器廃絶を求める被爆者らが2016年4月に始めた「ヒバクシャ国際署名」を長崎で主導。国連への提出数は、全世界で1370万2345筆に上る。

米ニューヨークの国連本部で17年に行われた核兵器禁止条約の交渉会議に出席し、「被爆者は後遺症におびえながら一生を過ごしている」と訴え、条約の発効を後押しした。

朝長さんは「発効は被爆者の目標だったが、これからが重要。医師として被爆者が今も放射線障害に苦しんでいる事実を伝えたい」と力を込めた。

（「読売新聞」2021年1月22日付）

重要語句

❶原子爆弾《ばくだん》（原爆）

世界で初めてアメリカが開発し、使用した核兵器。1945年8月6日に広島、同年8月9日には長崎へ投下され、20万人（推計《すいけい》）をこすといわれる死者を出した。

❷国際連合（国連）

1945年に設立された、国際平和を守る機関。現在、193か国が加盟《かめい》。現在の事務総長は、ポルトガル出身のアントニオ・グテーレス氏。

❸オーストリア

ヨーロッパの中央部に位置する国。EU（欧《おう》州《しゅう》連合）には加盟しているが、NATO《ナトー》（重要語句⑤参照）には加盟していない。

❹核の傘《かさ》

核保有国が核を持たない他国の安全保障《ほしょう》を担《にな》う状態《じょうたい》。

❺NATO（北大西洋条約機構）

1949年に調印された北大西洋条約に基《もと》づき誕生《たんじょう》した北米と西ヨーロッパの国々による集団安全保障《ほしょう》機構。冷戦時はNATOに対《たい》抗《こう》してソ連などがWTO（ワルシャワ条約機構、1991年解体）を結成した。

❻核拡散《かくさん》防止条約（NPT）

米ロ英仏中を核保有国と定め、それ以外の国の核兵器の開発や保有を禁止した条約。

世界の核保有国（2020年1月時点の推計《すいけい》）

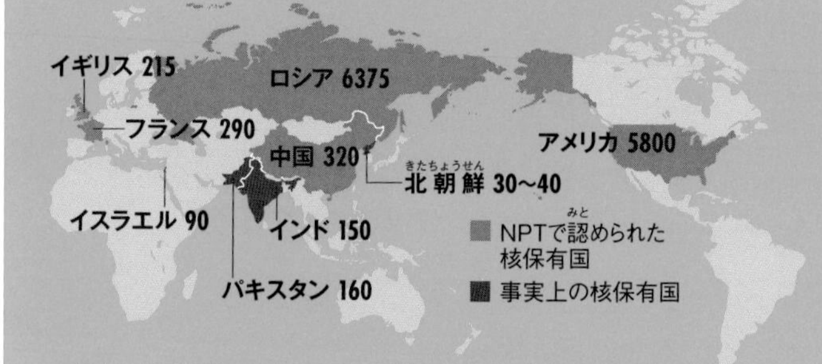

※数字は核兵器数。ストックホルム国際平和研究所（SIPRI）による

記事のポイント

条約の採《さい》択《たく》から3年半で50か国が批《ひ》准《じゅん》

2017年7月に❷国際連合で採択された核兵器の開発や保有、さらには「核兵器を使用するという脅《おど》し」を含《ふく》め法的に禁止する核兵器禁止条約は、2020年10月に条約の発効条件である50か国の批准を満たし、規定により、それから90日後の2021年1月22日に発効されました。

唯《ゆい》一《いつ》の被《ひ》爆《ばく》国《こく》である日本は条約に反対

条約の前文では、核兵器の非人道性が指《し》摘《てき》されています。さらに、**「ヒバクシャの苦しみを心に留める」として、核兵器の被害者を表す言葉である日本語の「ヒバクシャ」が明記されています。**

核兵器禁止条約の効力は、条約を批准した国に認められます。しかし、アメリカ・ロシアをはじめとした核保有国はいずれもこの条約に反対の立場を崩《くず》していません。

核兵器禁止条約の採択に向けた議《ぎ》論《ろん》を主導したのは核軍《ぐん》縮《しゅく》交《こう》渉《しょう》が進まないことに不満を持った❸オーストリアやメキシコなどの国々でした。核保有国のほか、アメリカの「❹核の傘」に守られている日本・韓《かん》国《こく》及《およ》び❺NATO加盟国のほとんどは、核兵器禁止条約に反対の立場をとっています。

日本は広島・長崎へのアメリカによる2度にわたる原爆投下を経験した唯一の被爆国として世界的に知られていますが、核保有国と足《あし》並《な》みを合わせ、採決をめぐる話し合いにも参加しませんでした。日本国内にも、核兵器をすぐに全《ぜん》廃《ぱい》することは現実的ではないとする見方や、核兵器を実際になくすためには、核保有国を含めた話し合いをすべきであるという見方もあります。

ここも勉強しよう！

核兵器の開発・軍《ぐん》縮《しゅく》の動きを押《お》さえよう

1945年	アメリカが広島・長崎に原爆投下
1949年	ソ連の原爆実験成功　※米ソは核開発競争へ
1954年	第五福《ふく》竜《りゅう》丸《まる》事件
1955年	第1回原水爆禁止世界大会
1957年	国際原子力機関（IAEA）の設立 ～原子力の平和利用
1963年	部分的核実験禁止条約が発効
1968年	❻核拡散防止条約（NPT）が 採択（1970年発効）
1970年代	非核三原則 （1974年、佐《さ》藤《とう》栄作…ノーベル平和賞）
1988年	中《ちゅう》距《きょ》離《り》核戦力全廃条約が発効。 翌年、冷戦が終結
1996年	包《ほう》括《かつ》的《てき》核実験禁止条約（CTBT）が 採択（未発効）
2017年	核兵器禁止条約が採択（2021年発効）
2019年	中距離核戦力全廃条約が失効

様々なNGO（非政府組織）を押さえよう

日本を含む100か国あまり、450以上の市民団体が参加するNGO「核兵器廃絶国際キャンペーン（ICAN）」は核兵器禁止条約が採択された2017年にノーベル平和賞を受賞しました。インターネットやマスメディアなどを駆《く》使《し》して気運を高め、核兵器禁止条約の採択に貢《こう》献《けん》した活動が認められました。

ノーベル平和賞を受賞した主なNGO	
地《じ》雷《らい》禁止国際キャンペーン（ICBL）	対人地雷の製造と使用の廃止を目指す
国境なき医師団（MSF）	災害や紛《ふん》争《そう》に際し、 緊《きん》急《きゅう》医《い》療《りょう》援《えん》助《じょ》を行う
核兵器廃絶国際キャンペーン（ICAN）	核兵器の廃絶を目指す

この記事もチェックしておこう！

スエズ運河でコンテナ船が座礁《ざしょう》

CHECK

日本人でスエズ運河を初めて通ったのは岩倉使節団とされる。

（「読売新聞」2021年3月30日付）

スエズ運河 通航再開

コンテナ船離礁 待機解消に3日半

【カイロ＝上地洋実】エジプトのスエズ運河で正栄汽船（愛媛県今治市）所有の大型コンテナ船「エバー・ギブン」が座礁した事故で、スエズ運河庁は29日、船の離礁に成功し、運河の通航を再開したと発表した。運河庁は、待機していた船舶が約3日半で運河をすべて通過するとの見方を示した。

29日に記者会見した運河庁のオサマ・ラビア長官によると、座礁船は29日午後3時頃、大型タグボートによる作業の結果、運河両岸の中央付近に戻った。船はその後、紅海側と地中海の中間あたりに位置するグレートビター湖に入った。燃料漏れやコンテナの損傷は確認されていない。

他の船舶の通航は29日午後6時に始まった。家畜を積んだ船が優先された。紅海、地中海、グレートビター湖などで足止めされた船は422隻に上った。運河庁は24時間態勢で船舶を通過させる方針で、30日午前8時（日本時間30日午後3時）までに113隻の通過を終えたい意向だ。

スエズ運河は海運の大動脈で、世界の貿易量の約1割が通る。ラビア氏によると、事故による損失額は1日あたり1500万ドル（約16億円）とみられる。ラビア氏は「事故調査によって、誰が負担すべきか、明らかになる」と述べた。

29日、エジプトのスエズ運河で、離礁後、タグボートに引かれる「エバー・ギブン」（AFP時事）

（「読売新聞」2021年3月30日付）

コロナ禍《か》で海運業が好調の最中《さなか》に起きた事故

2021年3月、エジプトのスエズ運河で大型のコンテナ船が浅瀬《あさせ》に乗り上げ、動けなくなってしまいました。その影響《えいきょう》でスエズ運河を航行していた船は待機を余《よ》儀《ぎ》なくされました。船は重いものを安く大量に運ぶことができるため、エネルギー資源《しげん》や工業製品の原料など、様々なものを運びます。船の到着《とうちゃく》が予定より遅《おく》れることで、発電や工業製品の生産などに影響が出てしまいます。世界各国と貿易を行う日本にとって、このような事故はわたしたちの暮《く》らしにも影響を与《あた》えかねません。

このところのコロナ禍による世界的な巣ごもり需要《じゅよう》を背景《はいけい》に、船で輸送する貨物の量が増加傾向《けいこう》にあり、コンテナが不足しました。コンテナが不足することで貨物を運ぶための運賃《うんちん》が高くなるので、日本の大手海運業者は多くの利益を得ていました。

スエズ運河
エジプトに位置する地中海と紅海《こうかい》を結ぶ人工の海面水路。1869年に開通した。

巣ごもり需要
新型コロナウイルスの感染拡大《かんせんかくだい》防止の観点から家にいることが推奨《すいしょう》されるなか、家で快適に過ごすために行われる消費者の様々な活動。インターネットを利用した娯楽《ごらく》を楽しんだり、ネットショッピング・フードデリバリー・自炊《じすい》などを行ったりする。

コンテナ
貨物を運ぶための箱。

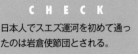

この記事もチェックしておこう！

アフガニスタンでタリバンが政《せい》権《けん》を掌《しょう》握《あく》

20年に及《およ》ぶ「テロとの戦い」はふり出しに

2001年の**アメリカ同時多発テロ**を受け、「テロとの戦い」を表明したアメリカはアフガニスタンへ軍を派遣《はけん》し、このテロを行ったアルカイダという組織を保護していた**タリバン**政権を崩壊《ほうかい》させました。そして、アメリカ軍を駐留《ちゅうりゅう》させました。

アメリカ軍は2011年にアルカイダの首謀者《しゅぼうしゃ》を殺害しましたが、アフガニスタン政府の混乱《こんらん》やタリバンの活動などによって撤退《てったい》が進みませんでした。2020年2月には当時のトランプ政権とタリバンとの間で和平合意が結ばれ、それを受けて2021年4月、アメリカのバイデン大統領はアフガニスタンから軍を完全撤退させると発表しました。すると、タリバンの攻勢《こうせい》が進み、8月にはついにアフガニスタンの政権を再び掌握しました。

タリバンの政権掌握による混乱からアフガニスタンを退避する人が相次ぎました。日本も現地在留の日本人を救出するため、自衛隊機を派遣しましたが、退避した日本人は１人でした。なお、この自衛隊機はアメリカ軍の要請《ようせい》で複数のアフガニスタン人を乗せました。海外派遣された自衛隊機が外国人の輸送を行ったのは初のことです。

CHECK

アフガニスタンの首都はカブール。アフガニスタンは中国・ロシア・インドなどと近いことから、大国の影響《えいきょう》を受け続けてきた。

タリバン「全土掌握」

親米政権20年で崩壊

アフガン

【テヘラン＝水野翔太】アフガニスタンのイスラム主義勢力タリバンが15日、首都カブールを制圧し、全土掌握を宣言した。米同時テロ後の米軍進攻によるタリバン政権崩壊から20年を経て、アフガニスタンは「テロの温床」に逆戻りする懸念が高まっている。〈関連記事2・3・8・9・37面〉

アシュラフ・ガニ大統領は国外に退避し、親米民主政権は崩壊した。中東カタールの衛星テレビ局アル・ジャジーラは、タリバン戦闘員らが大統領府を占拠する様子を伝えた。米国のバイデン政権がアフガン駐留米軍の引き揚げを進める中、タリバンは各地でアフガン政府軍を圧倒して急速に支配地を拡大していた。

首都陥落は予期されておらず、カブールの国際空港には、国外に脱出しようとする市民らが殺到してパニックが起きた。米欧諸国も外交官ら駐在要員の退避を急いでいる。

米国は15日、米大使館員らの退避を加速させるため、米兵を追加派遣し現地部隊を6000人規模に増強すると発表した。その一方、ブリンケン米国務長官は「駐留継続は米国の国益に合致しない」と述べ、月内に米軍撤収を終える方針に変わりはないと強調した。

本紙通信員によると、タリバンの首都制圧の際に目立った戦闘は起きなかった。制圧から一夜明けた16日朝現在、カブール市内に政権側の治安部隊の姿はなく、タリバン戦闘員らが闊《かっ》歩しているという。

カブールを離れたガニ氏は15日、「流血の事態を避けるため」としてタリバンに権力を委ねる意向をフェイスブックで表明した。米メディアは退避先をウズベキスタンと伝えている。

15日、カブールの大統領府を占拠するタリバン戦闘員ら＝AP

（「読売新聞」2021年8月17日付）

アフガニスタンの歩み

1919年	イギリスの保護領から独立
79年	ソ連がアフガニスタンに侵攻。ソ連軍に対抗して、イスラム義勇兵たちが立ち上がり、アフガン紛争が勃発
89年	ソ連軍が撤退
92年	国内の社会主義政権が崩壊し、イスラム義勇兵同士で内戦に
94年	タリバンが勢力を拡大
96年	タリバンが首都カブールを制圧
98年	タリバンが国土の大部分を支配
2001年	アメリカ同時テロ(9.11)を受け、アメリカ軍主導の多国籍軍が進攻。タリバン政権は崩壊
04年	初の大統領選が行われ、アメリカ寄りの政権が発足
21年	タリバンが再び首都カブールを制圧

（「読売中高生新聞」2021年8月27日付）

アフガニスタンの復興に尽力《じんりょく》した中村哲《てつ》さん

中村哲さんはＮＧＯ（非政府組織）「ペシャワール会」代表の医師。武装《ぶそう》勢力によって2019年12月に殺害された。

アメリカ同時多発テロ

2001年、テロ組織アルカイダにハイジャックされた民間航空機がニューヨークの世界貿易センタービルなどに突入、約3000人が犠牲《ぎせい》になった。

タリバン

「神学生たち」を意味する、イスラムの教えに則《のっと》った政治を目指した組織。1996年にアフガニスタンで政権を獲得《かくとく》すると、イスラムの教えを極端《きょくたん》に解釈《かいしゃく》し、とくに女性に対しては頭からつま先までを覆《おお》うブルカの着用を強制したり、教育や就労《しゅうろう》を禁止したりするなど、人権も厳《きび》しく制限した。

世界の主な宗教《しゅうきょう》

海外の出来事を理解するためには、
その国や地域《ちいき》の人々が信仰《しんこう》する宗教について知ることが重要です。

世界三大宗教　信徒数が多く、人種・民族などをこえて各地に信徒が存在《そんざい》する

	キリスト教	イスラム教	仏教
開祖《かいそ》	イエス・キリスト	ムハンマド（マホメット）	シャカ（ゴータマ・シッダールタ）
発祥《はっしょう》（場所）	1世紀の初め（パレスチナ）	7世紀の初め （メッカ〜サウジアラビア）	紀元前5世紀ごろ（インド）
聖典《せいてん》	旧約聖書／新約聖書	コーラン（クルアーン）	宗派によって異《こと》なる
施設《しせつ》	教会	モスク	寺院
主な宗派《しゅうは》（教派）	カトリック プロテスタント 聖公会（イギリス） 正教会（ギリシャなど）	スンニ派 シーア派	上座部《じょうざぶ》仏教 大乗仏教
その他	信徒数がもっとも多い宗教	信徒数最大の国は インドネシア	タイは 国民のほとんどが仏教徒

イスラム教徒（ムスリム）の習慣

- 聖地メッカがある方角を向いて、1日5回のお祈《いの》りをする
- 女性は肌《はだ》を見せてはならない
- 豚《ぶた》肉や酒の飲食をしない
- ラマダンの月（イスラム暦《れき》の第9月。断食《だんじき》月）は、日の出から日没《にちぼつ》まで飲食をしない
- 銀行は利息をつけてはならない

イスラム教国での救護活動組織

戦争や自然災害の際に、敵味方関係なく中立の立場でけが人や病人の救護活動を行う組織「赤十字《せきじゅうじ》社」は、「国際赤十字社」と「赤新月《せきしんげつ》社」によって運営されている。

「赤新月社」は、イスラム教国の多くで活動し、キリスト教のシンボルである十字マーク（赤十字）を使わず、白地に赤色の新月のマークを標章《ひょうしょう》に掲《かか》げている。

※「赤十字社」を提唱したアンリ・デュナンは初のノーベル平和賞受賞者

そのほかの宗教

ヒンドゥー教 （ヒンズー教）	●信徒数は仏教徒より多いが、信徒がインドにかたよるため、世界三大宗教に含《ふく》まれない ●カースト制度（インドの身分制度で、職業の世襲《せしゅう》などが厳《きび》しく定められている。現在はインドの憲法《けんぽう》で禁止されているものの、カーストの違《ちが》いによる差別が根強く残っているとされる） ●牛を神聖な生き物としている
ユダヤ教	●ユダヤ人が信仰する宗教
神道《しんとう》	●日本古来の宗教で、万物に宿る八百万《やおよろず》の神を信じる多神教。日本各地に神社が存在する

一問一答にチャレンジ

1 現在のアメリカの大統領はだれですか。

2 1の人物が復帰を表明した、2015年のCOP21《コップ》で結ばれた地球温暖化《おんだんか》に関する協定を何といいますか。

3 現在の中国の国家主席はだれですか。

4 1997年にイギリスから返還《へんかん》された後は中国に属するものの、中国本土と異《こと》なる政治・経済《けいざい》体制をとっている地域《ちいき》はどこですか。

5 中国の新疆《しんきょう》ウイグル自治区や中央アジアに居住するウイグル族が主に信仰《しんこう》している宗教《しゅうきょう》は何ですか。

6 2021年にアウン・サン・スー・チー氏が拘束《こうそく》され、軍事政権《せいけん》が復活した国はどこですか。

7 2011年以降《いこう》内戦状態が続く、アラブの国はどこですか。

8 難民《なんみん》の保護・救済《きゅうさい》などを行う、国際連合難民高等弁務官事務所の略称《りゃくしょう》をアルファベットで答えなさい。

9 現在の国際連合の事務総長はだれですか。

10 核《かく》兵器禁止条約の前文に明記された、核兵器の被害者《ひがいしゃ》をあらわす日本語をカタカナで答えなさい。

11 核兵器禁止条約の採択《さいたく》に向けて尽力《じんりょく》したICAN《アイキャン》などがあてはまる、非政府組織の略称をアルファベットで答えなさい。

12 エジプトに位置する地中海と紅海《こうかい》を結ぶ人工の海面水路を何といいますか。

13 2001 年の同時多発（　　）を受け、アメリカは「(　　）との戦い」を表明しました。(　　）に共通してあてはまる言葉を答えなさい。

14 2021 年にタリバンが政権をにぎり、駐留《ちゅうりゅう》していたアメリカ軍が撤退《てったい》した国はどこですか。

15 2022 年に冬季オリンピックが開催される予定の都市はどこですか。

2022年 入試予想問題

1 次の［地図］を見て、あとの問いに答えなさい。

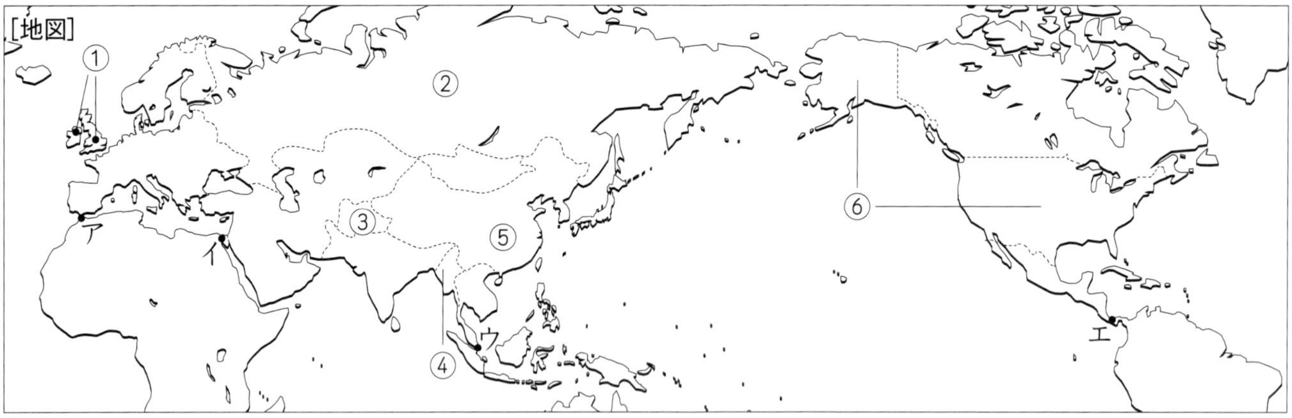

問1 ［地図］中の①の国について、次の問いに答えなさい。

（1） この国と日本との時差は何時間ですか。ただし、サマータイムは考えないものとします。

（2） この国で2021年6月に行われた主要国首脳《しゅのう》会議に参加していない国を次から２つ選び、記号で答えなさい。　ア．中国　イ．イタリア　ウ．カナダ　エ．ロシア　オ．アメリカ

問2 ［地図］中の②の国について、次の問いに答えなさい。

（1） ②の国の大統領（2021年9月現在）はだれですか。

（2） ②の国はかつてのソビエト連邦《れんぽう》の後継《こうけい》国家として知られています。ソビエト連邦について述べた文としてもっとも適切なものを次から１つ選び、記号で答えなさい。

ア．かつてのソビエト連邦の領土は、現在の②の国よりもせまかった。

イ．計画経済《けいざい》をとっていたため、世界恐慌《きょうこう》による影響《えいきょう》をほとんど受けなかった。

ウ．朝鮮《ちょうせん》戦争が起こった際には、現在の大韓民国《だいかんみんこく》側を支援《しえん》した。

エ．第２次世界大戦後、佐藤《さとう》栄作首相《しゅしょう》が日ソ共同宣言《せんげん》に署名《しょめい》したことで、日本との国交が回復した。

問3 ［地図］中の③の国について、次の問いに答えなさい。

（1） 2021年8月に③の国の政権を掌握《しょうあく》した、イスラム原理主義組織を何といいますか。

（2） 2001年の同時多発テロを受け、テロの首謀《しゅぼう》者をかくまっているとして、③の国を攻撃し、その後2021年まで駐留《ちゅうりゅう》軍を置いていた国はどこですか。

問4 ［地図］中の④の国について、2021年に、この国の国家顧問《こもん》をつとめていたアウン・サン・スー・チー氏が軍部によって身柄《みがら》を拘束《こうそく》されました。④の国が加盟《かめい》している組織を次から選び、記号で答えなさい。

ア．OPEC《オペック》　イ．ASEAN《アセアン》　ウ．NATO《ナトー》　エ．AU

問5 ［地図］中の⑤の国について、次の問いに答えなさい。

（1） ⑤の国が主導する巨大《きょだい》経済圏《けん》構想を何といいますか。漢字４字で答えなさい。

（2） 2022年に冬季オリンピックが開催《かいさい》される予定の⑤の国の都市を答えなさい。

問6　[地図] 中の⑥の国について、2021 年に⑥の国で新たに就任した大統領が表明したことについて、誤《あやま》っているものを次から選び、記号で答えなさい。

ア．TPPへの参加　　　イ．パリ協定への復帰　　　ウ．WHOからの離脱撤回《りだつてっかい》

問7　スエズ運河の位置を示したものを [地図] 中のア～エから選び、記号で答えなさい。

2　次の文章を読んで、あとの問いに答えなさい。

人類に対して①核《かく》兵器が初めて牙《きば》をむいた広島・（　A　）への原爆《げんばく》投下から75年以上の月日が経過しましたが、核兵器の脅威《きょうい》は今もなお世界に暗い影《かげ》を落としています。2017 年には②国際連合で核兵器禁止条約が採択《さいたく》され、2021 年に発効されました。しかし、日本はこの条約に反対の立場をとっています。

問1　文中の（　A　）にあてはまる都市名を答えなさい。

問2　下線部①について、核兵器の保有国として誤っているものを次から選び、記号で答えなさい。

ア．インド　　　イ．フランス　　　ウ．ドイツ　　　エ．中国

問3　下線部②について、次の問いに答えなさい。

(1)　この条約の採択に向けたアピール活動を行い、2017 年にノーベル平和賞を受賞したICAN《アイキャン》（核兵器廃《はい》絶《ぜつ》国際キャンペーン）はどの国の政府にも属さないNGO（非政府組織）です。NGO またはNPO（非営利組織）として誤っているものを次から選び、記号で答えなさい。

ア．JICA《ジャイカ》（国際協力機構）　　　イ．国境なき医師団

ウ．アムネスティインターナショナル　　　エ．IOC（国際オリンピック委員会）

(2)　国際連合が採択した条約のうち、日本が批准《ひじゅん》していない（認《みと》めていない）ものを次から選び、記号で答えなさい。

ア．生物多様性条約　　　イ．障害者権利《しょうがいしゃけんり》条約　　　ウ．水銀に関する水俣《みなまた》条約　　　エ．死刑《しけい》廃止条約

3　次の国際的な問題に関する [I]・[II] の文章を読んで、あとの問いに答えなさい。

[I]
①国連難民《なんみん》高等弁務官事務所によると、全世界で難民として故郷《こきょう》を追われている人は8240 万人となっています。国別に見ると、②中東のシリアをはじめ、中南米のベネズエラ、アジアのアフガニスタン、アフリカの③南スーダンなど、内戦や紛争《ふんそう》の長引いている地域《ちいき》が多くなっています。2021 年に軍がクーデターを起こした（　A　）でも、かねてからロヒンギャ難民問題がありました。これらの地域の人たちの多くは、その周辺国に逃げこみ、難民生活を余儀《よぎ》なくされています。

では、日本はどれぐらい難民を受け入れているのでしょうか？　2020 年の統計では、3936 人の難民申請《しんせい》に対し、難民として認定《にんてい》されたのは47 人に過ぎません。100 万人以上の難民を受け入れる国がある一方で、日本の難民受け入れ政《せい》策《さく》には、課題が多いのです。しかし第２次世界大戦中、ナチスドイツに迫害《はくがい》された（　B　）にビザを発給し、多くの命を救った日本人外交官・杉原千畝《すぎはらちうね》のことはよく知られています。戦後は（　C　）が10 年にわたり国連難民高等弁務官として活躍《かつやく》しました。今後の日本の貢献《こうけん》が期待されています。

問1　（　A　）にあてはまる東南アジアの国名を答えなさい。

問2　（　B　）にあてはまる民族名を答えなさい。

問3　（　C　）にあてはまる人物名を次から選び、記号で答えなさい。

ア．明石《あかし》康《やすし》　　イ．緒方《おがた》貞子《さだこ》　　ウ．小和田《おわだ》恆《ひさし》　　エ．岩沢《いわさわ》雄司《ゆうじ》

問4　下線部①の略称《りゃくしょう》として正しいものを次から選び、記号で答えなさい。

ア．UNESCO《ユネスコ》　　イ．UNICEF《ユニセフ》　　ウ．UNHCR　　エ．UNCTAD《アンクタッド》

問5　下線部②の地域で、とくに信者が多い宗教を次から選び、記号で答えなさい。

ア．キリスト教　　イ．ユダヤ教　　ウ．イスラム教　　エ．仏教

問6　2012年から５年間、下線部③の国における内戦の停戦を監視《かんし》するなどのために、自衛隊が派遣《はけん》されました。自衛隊が協力した国連のこの活動を何というか、答えなさい。

[Ⅱ]

現代の社会では経済《けいざい》的に恵《めぐ》まれた国と貧しい国との差がますます広がり、格差問題が深刻《しんこく》になったことが指摘《してき》されています。

1960年代、工業が発展《はってん》した豊かな国が北半球にかたより、発展の遅《おく》れている貧しい国が南半球にかたよることが（　A　）問題とよばれるようになりました。その後、南半球の「発展途上《とじょう》国」の中にも資源《しげん》のある国と資源のない国で経済格差が生じたために、（　B　）問題とよばれるようになりました。

問1　文章中の（　A　）と（　B　）に入る言葉を、あとのア〜キの中から１つずつ選び、記号で答えなさい。

ア．東西　　イ．南北　　ウ．東北　　エ．西北　　オ．東南　　カ．西南　　キ．南南

問2　下線部について、次の問いに答えなさい。

（1）　次の文章における国際協力のことを何というか、答えなさい。

「経済格差をなくすために、日本が行ってきた国際協力があります。この協力は二国間援助《えんじょ》と国際機関への出資・拠出《きょしゅつ》で構成されますが、とくに二国間援助では、返す義務のない資金協力や政府への貸し付けなどの支援を行っています。」

（2）　国際連合では2015年に採択《さいたく》された「持続可能な開発目標（SDGs《エスディージーズ》）」の中で17の具体的な目標を掲《かか》げています。その中には、格差問題を解消するための目標もあります。以下の文章を読んで「持続可能な開発目標（SDGs）」にふさわしくないものを選び、記号で答えなさい。

ア．安全な飲み水を確保するだけでなく、清潔なトイレも行きわたるようにする。

イ．すべての人が質の高い教育を受けられるように、新しい学校をつくる。

ウ．環境《かんきょう》を守ることが第一なので、工業はなるべく発展しないようにして経済成長をおさえる。

エ．失業者が少ない、働きがいのある社会をつくるために経済発展をうながす。

1 解答欄《らん》

問1	(1)	時間	(2)		

問2	(1)		(2)	

問3	(1)		(2)			問4	

問5	(1)					(2)		問6			問7		

2 解答欄

問1			問2			問3	(1)		(2)	

3 解答欄

[I]

問1		問2		問3		問4			

問5		問6	

[II]

問1	A		B			問2	(1)		(2)	

適性検査・表現型問題

1 次の［資料］は、2017 年に国際連合で採択《さいたく》され、2021 年に発効された核《かく》兵器禁止条約に関連する新聞記事です。［資料］及《およ》び（注）を参考にして、日本の核兵器禁止条約への参加について、あなたは賛成または反対のどちらの立場をとりますか。賛成・反対のどちらかに○をつけ、その理由についても述べなさい。なお、賛成・反対どちらの立場を選んでもかまいません。

課題
賛成・反対 ※賛成・反対どちらかを○で囲むこと（どちらを選んでもかまいません）

［資料］

核兵器禁止条約に対する各国の対応

交渉参加国の投票行動		交渉、投票に参加せず
賛成	反対	
オーストリア、ブラジル、インドネシア、ニュージーランド、スイスなど122か国	オランダ	日本、米国、英国、フランス、中国、ロシア、韓国、北朝鮮など
	棄権	
	シンガポール	

※既に40か国が批准。50か国に達すれば、90日後に発効

（「読売新聞」2020年8月7日付）

（注）
●日本は唯一《ゆいいつ》の被爆《ひばく》国である
●核兵器禁止条約は国連加盟《かめい》国（193 か国）のうち、6 割《わり》をこえる国が支持している

2 日本では太平洋戦争後、GHQ（連合国軍総司令部）の指導のもと、1948 年に夏時刻《じこく》法が導入され、サマータイムが実施《じっし》されました。しかし、寝《ね》不足や残業の増加を招くなど評判が良くなかったことから、1952 年には夏時刻法が廃止《はいし》されました。夏時刻法がこの年に廃止された理由について、「連合国軍」という語句を用いて説明しなさい。

理由	

3 右の［地図］中の北極海を経由する貨物船は今後増加が見こまれます。その理由について、「海氷」という語句を用いて説明しなさい。

理由	

［地図］

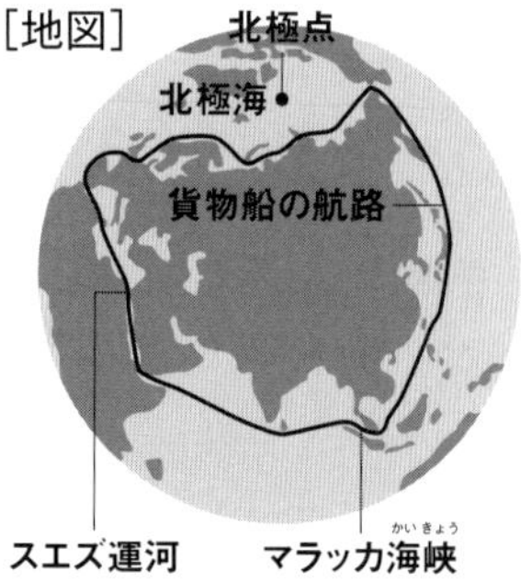

国土交通省資料より

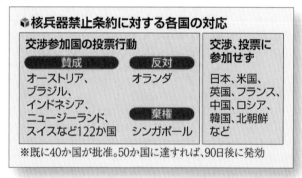

第5章
自然と科学

自然災害と避難《ひなん》情報の見直し

脱炭素《だつたんそ》社会の実現に向けて

ゲノム編集食品の栽培《さいばい》が始まる

この記事もチェックしておこう!

はやぶさ2がもたらしたもの／北方領土の植生図作成へ／ノーベル物理学賞に真鍋淑郎《まなべしゅくろう》氏

時事カレンダー2021

時期	主な出来事
2020年10月	ゲノム編集技術（クリスパー・キャスナイン）の開発者がノーベル化学賞を受賞（ジェニファー・ダウドナ氏、エマニュエル・シャルパンティエ氏）
12月	小惑星《しょうわくせい》探査機《たんさき》はやぶさ2のカプセルが地球に帰還《きかん》
2021年2月	足利市（栃木県）で山林火災が発生
	福島県沖でマグニチュード7.3の地震《じしん》が発生
5月	中国の無人探査機「天問1号」が火星に着陸
	日本各地でスーパームーンの状態で皆既《かいき》月食を観測
7月	熱海市（静岡県）で大規模《だいきぼ》な土石流が発生
8月	IPCC（気候変動に関する政府間パネル）第6次評価報告書の発表

自然災害と避《ひ》難《なん》情報の見直し

災害に関する地図記号

避難所などの地図記号は「避難所」「緊急《きんきゅう》避難場所」の記号と災害の種類を表す記号を組み合わせて使用する。※火山現象の避難場所は、文字で表記される

（地図記号はすべて、国土地理院の公式ホームページより）

土砂災害および
洪水・浸水の緊急避難場所

出典：ハザードマップポータルサイト

大雨 熊本警戒強める

避難指示 水俣で土砂崩れ

梅雨前線の影響で九州を中心に激しい雨が降った20日、熊本県天草市や同県水俣市などでは、避難情報の運用が変更されてから初めてとなる警戒レベル4の「避難指示」が発令された。❶気象庁は21日朝にかけて、九州で大雨となる恐れがあるとして、浸水や河川の氾濫に注意を呼びかけている。

〈本文記事1面〉

㊤大雨で山肌が崩落した現場（20日午前11時26分、熊本県水俣市で）＝白石一弘撮影㊦情報収集を行う熊本県天草市防災危機管理課の職員たち（20日午前10時20分）

気象庁によると、熊本県山江村で20日午前、1時間に54ミリの雨を観測するなど熊本、鹿児島両県を中心に非常に激しい雨となった。

天草市は20日午前9時、土砂災害発生の恐れが非常に高まっているとして、市内の牛深町、久玉町、深海町、御所浦町の6753世帯、1万2924人を対象に警戒レベル4の避難指示を発令した。

この日は避難勧告が廃止され、避難指示に一本化された日とも重なった。天草市防災危機管理課では、職員6人が支所と連絡を取り合うなど対応に追われた。担当者は「避難指示に一本化されることで、住民にはわかりやすくなったと思う。災害から命を守る行動につながるように情報を発信する」と話した。

水俣市も、避難指示を発令。市内全域の1万1460世帯に避難を防災無線で呼び掛けた。市は災害警戒本部を設置、7か所の避難所を開設。山間部で土砂崩れが発生した。同県津奈木町は町全域に避難指示を出した。鹿児島県では、県西部の薩摩川内市、阿久根市、長島町の計8849世帯1万8470人を対象に「高齢者等避難」が出された。

避難指示と避難勧告の枠組みが見直されたのは、1961年に災害対策基本法が制定されて以来初めて。自然災害による被害が後を絶たないため、半世紀以上続いた制度を見直した。国は2018年の西日本豪雨を踏まえ、住民が取るべき行動を切迫度に応じて5段階で示す「警戒レベル」を導入。避難勧告と避難指示は、ともにレベル4に位置付けられたがわかりにくいという声があり、避難勧告を廃止した。

ほかに災害が発生した場合や、切迫している際に出されていたレベル5の「災害発生情報」は「緊急安全確保」、レベル3の「避難準備・高齢者等避難開始」は「高齢者等避難」に改めた。

◇

気象庁によると、西日本と東日本の広い範囲で21日にかけて大雨が予想されており、21日午前6時までに予想される24時間降水量は九州、四国、近畿で250ミリ、東海で200ミリなど。

同庁は、土砂災害や低い土地の浸水、河川の増水・氾濫に警戒するよう呼びかけている。

避難情報の変更点

警戒レベル	従来の情報	20日以降の情報
5	災害発生情報	緊急安全確保
4	避難指示（緊急） 避難勧告	避難指示
3	避難準備・高齢者等避難開始	高齢者等避難
2	大雨・洪水・高潮注意報	大雨・洪水・高潮注意報
1	早期注意情報	早期注意情報

（「読売新聞」2021年5月20日付）

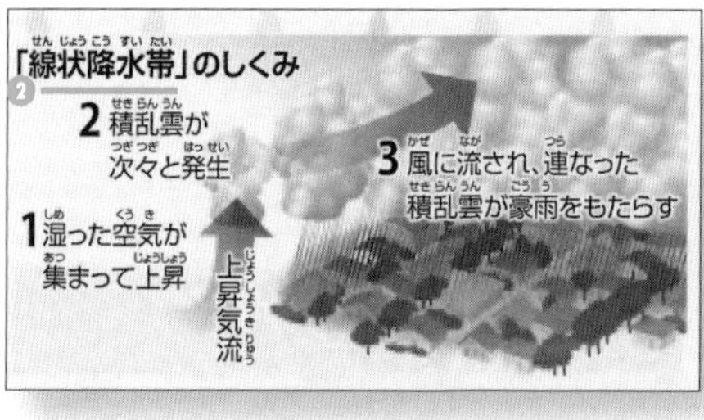

（「読売KODOMO新聞」2021年7月8日付）

CHECK

避難情報がどのように変わったか確認《かくにん》しよう。

重要語句

❶気象庁《ちょう》

国土交通省の外局の1つ。天気予報や気象警報《けいほう》などの気象業務を担当《たんとう》する。

❷線状降水《こうすい》帯

次々と発生する発達した積乱《せきらん》雲が列をなしたように連なり、数時間にわたってほぼ同じ場所を通過、またはとどまることでつくりだされる、強い降水をともなう雨域《ういき》。

❸土砂災害警戒《けいかい》情報

大雨警報発令中に土砂災害の危険《きけん》が高まった際に、気象庁と都道府県が共同で発表する。市（区）町村長はこれを避難指示発令の参考とする。

❹国土地理院

土地の測量や地形図をつくったりなどしているところ。国土交通省に属する。

❺自然災害伝承碑《でんしょうひ》

2019年に制定された地図記号。制定のきっかけとなったのは、2018年6月下旬《げじゅん》から7月上旬にかけて発生した「平成30年7月豪《ごう》雨《う》（西日本豪雨）」であった。

記事のポイント

避難情報の見直し

自然災害が起こる恐《おそ》れがある場合、❶**気象庁**は注意報や警報を発令します。重大な災害が起こる恐れがある場合は特別警報が発令されます。

また、自然災害をはじめとした地域《ちいき》住民に甚大《じんだい》な被害《ひがい》が発生する可能性がある地域には、災害対策《たいさく》基本法に基《もと》づき、原則として市（区）町村長によって、住民の安全を守るためのよびかけを行います。

2021年5月、災害対策基本法の一部を改正する法律《ほうりつ》が施行《しこう》され、従来《じゅうらい》の「避難勧告《かんこく》・避難指示（緊急）」は違《ちが》いがわかりにくかったことから「避難指示」に一本化されました。さらに、避難する余裕《よゆう》もないほど差《さ》し迫《せま》った状況《じょうきょう》下においては、すぐに命を守る行動をとるよう指示する「緊急安全確保」が発令されるようになりました。なお、**甚大な災害が発生する恐れがある場合は、「避難指示」が発令された時点で必ず避難しなければなりません。**

線状降水帯の発生を素早く伝える

2021年6月、大雨による災害発生の危険度が急《きゅう》激《げき》に高まり、さらに❷**線状降水帯**による非常に激《はげ》しい雨が同じ場所で降《ふ》り続《つづ》いている場合、気象庁によって「顕著《けんちょ》な大雨に関する情報（線状降水帯発生情報）」が発表されるようになりました。なお、この情報は台風本体の雨雲による大雨など、線状降水帯とはいえない状況でも発表されます。

大雨時の注意ポイント

- ●市（区）町村の避難情報に従《したが》い、すぐに避難
- ●外出が危険な場合は、2階以上や崖《がけ》の反対側の部屋へ移動する
- ●川や水路、崖に近づかない
- ●気象庁HPの「危険度分布」で地域の状況を確認する

普段《ふだん》から心がけておくべきこと

- ●気象情報やハザードマップ、避難場所などを確認する
- ●自宅《じたく》が土砂災害警戒区域かどうかを確認する

ここも勉強しよう！

令和3年7月伊豆山《いずさん》土砂災害

2021年7月3日、静岡県熱海《あたみ》市の伊豆山地区で土石流が発生しました。JR熱海駅から1.5㎞ほど北に位置する高台で発生した土石流は、相模湾《さがみわん》にまで達しました。熱海市では6月30日から雨が降り続け、❸**土砂災害警戒情報**が出されていました。しかし、この時点で熱海市には「避難指示」の発令や「顕著な大雨に関する情報（線状降水帯発生情報）」の発表はなく、住民の避難は進んでいませんでした。

なお、土石流の土砂の大半が、ほかの場所から運ばれてきた建設残土による盛《も》り土《ど》であったと指摘されています。

地図記号「自然災害伝承碑」

2019年、国土交通省の❹**国土地理院**発行の地形図において、かつて地震・津波・水害・火山の噴火《ふんか》といった災害があったことを後世に伝える石碑やモニュメントを「❺**自然災害伝承碑**」として地図記号で示されるようになりました。

地図記号として掲載《けいさい》されることで目に付きやすくなり、防災意識の向上に向けた取り組みの1つとして注目されています。

「記念碑」と見間違《みまちが》えないようにしよう。

脱《だつ》炭《たん》素《そ》社会の実現に向けて

脱炭素 海、街、家で

地球温暖化を防ぐため2050年までに国内の温室効果ガスの排出量を実質ゼロにするカーボンニュートラル🅓の実現に向け、官民の取り組みが加速化している。目標の達成には、❶太陽光や風力などの再生可能エネルギーの拡大や国民のライフスタイルの転換が不可欠だ。脱炭素に向けた最前線の動きを探った。（社会部 山下真範、科学部 服部牧夫）

政府は今月9日、カーボンニュートラルの実現に向け、国と地方の取り組みをまとめた工程表を決定した。今後5年間を集中期間とし、脱炭素に先行的に取り組む地域として全国100か所以上を指定する。30年まで先行地域に資金などを重点的に支援し、その後に全国に広げる「脱炭素ドミノ」を起こしていく方針だ。

重点地域から全国へ

工程表では、地域の特性を踏まえた先行地域の暮らしのイメージも示した。例えば農山漁村では、海上の風力発電や農業用水路を活用した小型水力発電を整備する一方、建物が密集する都市部では、住宅などの屋根に置いた太陽光発電の普及を推奨している。

ライフスタイルの分野では、電気や水道使用量の「見える化」を進めるほか、消費者が環境負荷の少ない商品を選べるよう製造過程で排出された二酸化炭素（CO^{2}）の量を表示するなどの取り組みを拡大。交通分野では、CO^{2}を排出しない電気自動車（EV）の普及を進める。

2025～30年の脱炭素先行地域のイメージ（政府資料に基づく）

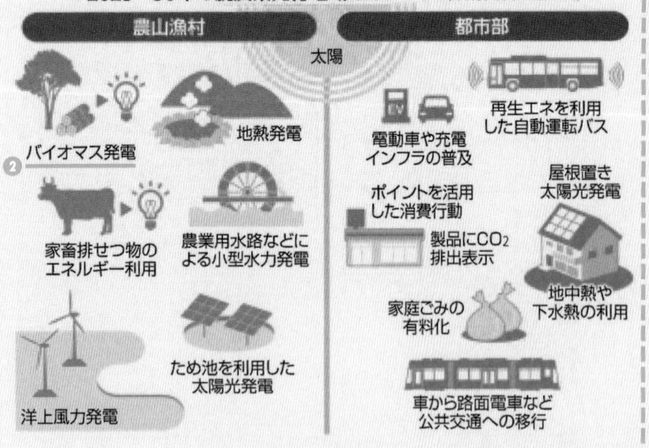

🅓カーボンニュートラル　地球温暖化の原因となる二酸化炭素やフロンガスなどの温室効果ガスの排出量から、植物が光合成で吸収する量などを差し引き、排出量と吸収量が釣り合った状態。政府は昨年10月、2050年までの実現を目標に掲げ、今年4月には中間目標となる30年度の削減目標（13年度比）を26%から46%以上に大幅に引き上げた。

（「読売新聞」2021年6月30日付）

CHECK

脱炭素の取り組みの例を確認《かくにん》しよう。

二酸化炭素排出量の多い国（2018年）

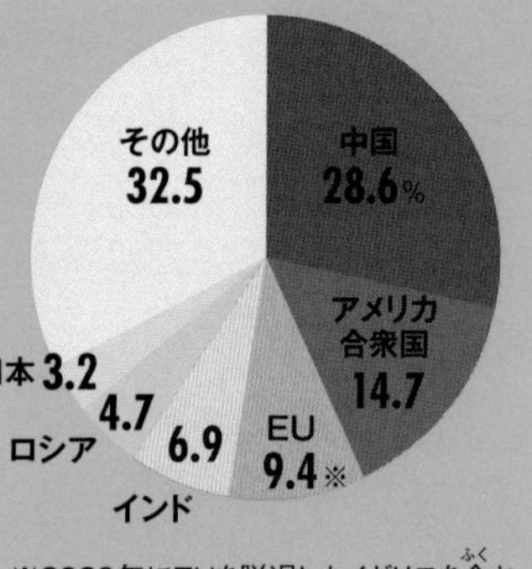

※2020年にEUを脱退したイギリスを含《ふく》む

1人あたり二酸化炭素排出量が多い国（2018年）

アメリカ	15.03 t
ロシア	10.99 t
日本	8.55 t
中国	6.84 t

（「日本のすがた2021年」より）

重要語句

❶再生可能エネルギー
太陽光・風力・地熱など、自然の中で絶えず生み出されている力のこと。自然を利用しているため、地球環境《かんきょう》にも優《やさ》しい。

❷バイオマス発電
木くずや生ごみなどを燃焼する際に発生する熱を利用して行う発電。

❸パリ協定
→P74参照

❹SDGs《エスディージーズ》（持続可能な開発目標）
→P54参照

❺IPCC（気候変動に関する政府間パネル）
気候変動（地球温暖《おんだん》化）に関する最新の科学的知見を評価する国際連合の組織。第6次評価報告書は2021年から2022年秋にかけ、順次公表される。

❻産業革命《かくめい》
18世紀後半からイギリスで始まった、簡単《かんたん》な手工業から工場における機械を用いた方法に生産のあり方が変わったことや、それにともなう社会の変化。

記事のポイント

脱炭素社会の実現へ

地球温暖化の原因となる二酸化炭素などの温室効果ガスの排出量《はいしゅつ》から、植物が光合成で吸収《きゅうしゅう》する量などを差し引き、排出量と吸収量がつり合った状態をカーボンニュートラルといいます。そして、カーボンニュートラルを目指す社会を脱炭素社会といいます。2020年10月、菅《すが》義《よし》偉《ひで》首相《しゅしょう》（当時）は「2050年を目途《めど》に温室効果ガスの排出量を実質ゼロ（排出量と吸収量がつりあった状態）にする」ことを表明し、話題になりました。❸**パリ協定**や❹**SDGs（持続可能な開発目標）**などを背景《はいけい》に、❶**再生可能エネルギー**や電気自動車のさらなる利用推進などを含めた、これまでと比べて踏《ふ》みこんだ対応が求められています。

コロナ後の社会とグリーンリカバリー

新型コロナウイルスの流行による経済《けいざい》活動の停《てい》滞《たい》や都市封鎖《ふうさ》は、悪化の一途をたどってきた地球環境問題に一定のブレーキをかけることとなりました。そこで、経済復興の過程で、環境問題の解決に向けた取り組みを融合《ゆうごう》させようとする声があがりました。そこで欧米《おうべい》の国々を中心に、脱炭素社会に向けた取り組みなど、環境対策《たいさく》と並行《へいこう》して経済活動を行うグリーンリカバリーとよばれる政策が提唱されるようになりました。

（ ここも勉強しよう！ ）

バイオプラスチックの量産を強化

原油を精製して得られるナフサを加工してつくられる通常のプラスチックは、燃やすと二酸化炭素が出てしまいます。そこで、バイオプラスチック（微生物《びせいぶつ》によって分解される生分解性プラスチックと、トウモロコシなどからつくられるバイオマスプラスチックの総称《そうしょう》）の需要《じゅよう》が高まっています。

バイオプラスチックは燃やしても二酸化炭素の排出が少ないことから、2020年7月から始まったレジ袋《ぶくろ》有料化においても、バイオマス材料を25%以上使用したものや、海洋生分解プラスチック100%のものなどは有料化の対象外（無料で配布してもよいこと）となっています。

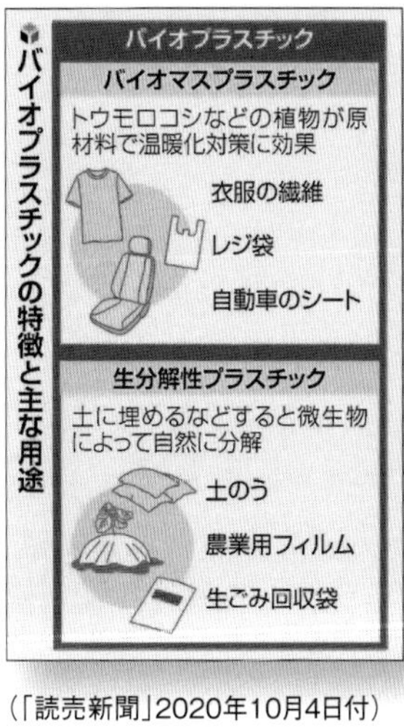

（「読売新聞」2020年10月4日付）

IPCC第6次評価報告書の公表

2021年8月、2015年以来となる❺**IPCC**第6次評価報告書の公表がはじまりました。

報告書では、「各国が最善《さいぜん》の地球温暖化対策を講じても、世界の平均気温の上昇幅《じょうしょうはば》は今後約20年間で❻**産業革命**前と比べ1.5度に達する」と推計《すいけい》されています。

2015年に結ばれたパリ協定ではこれを1.5度におさえる努力目標を掲《かか》げていますが、その実現に向けて厳《きび》しい報告がなされたわけです。

今世紀末に予測される温暖化の影響

IPCCの新報告書による	2050年頃にカーボンニュートラル達成	温室効果ガス排出量が最も多いケース
世界の平均海面の上昇幅（1900年比）	50センチ	90センチ
北極海の海氷面積	225万平方キロ・メートル	24万平方キロ・メートル

（「読売新聞」2021年8月10日付）

ゲノム編集食品の栽《さい》培《ばい》が始まる

基礎からわかるゲノム編集食品

国内第1号の「ゲノム編集食品」となるトマトの届け出を国が受理し、年内にも食品として流通することになった。従来の品種改良や遺伝子組み換え食品と、何が違うのだろう。

Q 何が出来る

「トマトが赤くなると、医者が青くなる」という言葉がある。トマトは滋養強壮に優れた食べ物として知られ、実際にビタミンCや、抗酸化作用のある赤い色素リコピンなど、体にいい成分をたくさん含んでいる。

そんな「医者いらず」成分の一つが、血圧上昇を抑えたり、ストレスを低減したりする働きがあるアミノ酸のGABA《ギャバ》だ。ただトマトには、GABAの合成を抑える物質があり、簡単に増やすことができない。

筑波大の江面《えづら》浩教授らのグループは、この物質を作る遺伝子の一部を、ゲノム編集技術で壊し、GABAを増やすことに挑戦した。

方法は、まずトマトの葉の一部を切り、ゲノム編集のための試薬を振りかける。試薬には、遺伝子を切る「はさみ役」の酵素と、この酵素を狙いの遺伝子まで連れていく「案内役」がセットで含まれていて、トマトの細胞の中にある遺伝子の一部を壊す。

ゲノム編集で改変した葉を培地で育てると芽が出る。育ったトマトをさらに交配させ、狙った遺伝子の改変を安定させる。トマトの味や大きさは元のまま、GABAの量が5倍になったという。

筑波大発の新興企業「サナテックシード」（東京）が2020年12月、このトマトを国にゲノム編集食品として届け出た。こうして食品としての生産や流通、販売への準備が整った。

サナテックシードは種子を農家に販売し、農家がトマトを栽培、市場に出荷する。21年はゲノム編集食品に理解のある一部の農家に提供し、消費者の反応を確かめながら、種子の供給体制などを整える。本格的な市場流通は、22年以降になる見通しだ。

理想のトマトに「書き換え」

ゲノム編集技術　ゲノム（genome）は「遺伝子」（gene）と「全体」（～ome）の造語。生物が持つ固有の全遺伝情報を指し、親から子に受け継がれる生物の設計図だ。ゲノム編集は、ゲノム上の遺伝子を、まるでパソコンで文章を編集するような簡便さで書き換え、生物の性質を変えられる技術だ。例えばジャガイモの芽には毒があるが、ゲノム編集で毒の遺伝子を壊し、子孫も毒なしにできる。遺伝子を効率よく書き換える手法（クリスパー・キャス9）が2012年に登場して「生命科学の革命」と呼ばれ、20年ノーベル化学賞の受賞テーマになった。

ゲノム編集トマトの販売までの流れ

- 今冬：サナテックシードが種を準備
- ↓
- 春頃：一部の契約農家が種をまく
- ↓
- 夏～秋頃：トマトを収穫。市販の可能性も

ゲノム編集技術で作ったGABAを豊富に含むトマト（サナテックシード提供）

食品の改良技術の違い

	従来の品種改良	ゲノム編集食品	遺伝子組み換え食品
主な方法	人工交配 薬や放射線で突然変異を起こす	はさみのような酵素で狙った遺伝子を壊す	別の生物の遺伝子を入れる
開発にかかる時間	10年単位	数年	数年
自然界で似た変異は?	起きる	起きる	ほぼ起きない
規制	なし	届け出制	厳しい審査が必要

開発期間　数年に短縮

Q 品種改良と違いは

トマトには多くの品種がある。日本では生食に適した丸い大きなトマトや一口サイズのミニトマト、欧米ではトマトソースに適した細めの品種に人気がある。

こうした特徴は、トマトの遺伝子が左右する。遺伝子が変化する突然変異は自然界でも起き、時に個性的なトマトが生まれる。「実が大きい」「栄養が多い」などの遺伝子は、親から子へと受け継がれる。

人間は野生種から食べやすく育てやすい種を選び、農耕で育ててきた。やがて、大きいトマトと栄養のあるトマトなどを交配させ、人間に都合のいい特徴（遺伝子）を持つトマトを自分たちで作るようになった。これが品種改良だ。

品種改良は多くの農畜産物で行われるが、よく「育種10年」と呼ばれる。例えばイネの品種コシヒカリが登録されたのは、味のいい農林1号と病気に強い農林22号を最初に交配した12年後。薬や放射線を使う品種改良もあるが、遺伝子の改変がランダムで、優れた品種ができるかは運任せだ。

ゲノム編集技術は、目的の遺伝子を狙い撃ちする。食品として開発が完成するまで数年。薬や放射線を使うより効率がいい。

遺伝子の働きを止める改変は、従来の品種改良でも起きる。子孫には、遺伝子の改変以外の影響は出ないと考えられる。明治大の中島春紫《はるし》教授（応用微生物学）は「ゲノム編集食品は、従来の品種改良の『高速版』にすぎない」と説明する。

ただ技術は完璧ではなく、狙った遺伝子以外が改変されてしまう可能性はある。国はゲノム編集食品について、この点も含め安全と判断した場合のみ流通を認める。

遺伝子組み換え食品は、トウモロコシの遺伝子をトマトに入れるなど、自然界ではほぼ起きない改変ができる。交配など従来の品種改良では不可能な改良も短期間で可能だが、遺伝子を別の生物に入れた時、子孫や環境にどんな悪影響が出るかを予想しにくい。

（「読売新聞」2021年1月16日付）

CHECK

従《じゅう》来《らい》の品種改良・ゲノム編集食品・遺伝子《いでんし》組み換《か》え食品の違《ちが》いを確認《かくにん》しよう。

重要語句

❶ DNA（デオキシリボ核酸《かくさん》）
生物の細胞《さいぼう》の核のなかにある酸性の物質で、遺伝子の本体とされる。生物が生きていくためのあらゆる情報がつまっていて、「生命の設計図」と称《しょう》される。DNAは鎖《くさり》のような二重らせん構造となっている。

❷ 登録品種
種苗法《しゅびょうほう》の登録品種にはブランド米のゆめぴりか・ななつぼし、ブドウのシャインマスカット、イチゴのあまおうなどがある。一般《いっぱん》品種にはブランド米のコシヒカリ、ブドウの巨峰《きょほう》、イチゴのとちおとめなど、登録されていないもののほかに、登録期限が過ぎたものがある。

❸ 自家増殖《ぞうしょく》
栽培した植物の種子をとり、それをまたまいて植物を育てること。

記事のポイント

狙《ねら》ったDNAに突然変異《とつぜんへんい》を起こさせるゲノム編集

農作物や畜産物《ちくさんぶつ》は、その多くが人の手によって品種改良されてきたものです。

人は大昔から役に立つ品種を選んで栽培し、異なる品種をかけあわせて品種改良をしてきました。しかし、突然変異の結果は予測できず、商品として流通するには時間がかかります。

これに対し、ゲノム編集技術は特定の[1]DNAの配列を切断するので、狙った遺伝子に突然変異を起こすことができます。

なかでも、**複雑な操作《そうさ》をせずにゲノム編集を可能にしたクリスパー・キャス9《ナイン》という手法は、2012年の登場以来、農作物のみならず、難病《なんびょう》の治療《ちりょう》研究や創薬《そうやく》といった様々な分野に利用されています。**

2020年12月にはこの手法を活用して日本で初となるゲノム編集トマトの販売《はんばい》・流通が厚生労働省・農林水産省に届《とど》けられました。このトマトの苗《なえ》の配布を希望する農家も多数現れており、まもなく流通が開始されます。

遺伝子組み換え作物の栽培

他の生物の有用な遺伝子を作物に組みこみ新しい性質を持った作物をつくる遺伝子組み換え作物は、日本では観賞用の植物において栽培例があるものの、食料品としての栽培例はありません。

アメリカなどでは遺伝子組み換えトウモロコシや大豆が大量に生産されています。そして、日本は家畜の飼料（えさ）用に、遺伝子組み換えトウモロコシを大量に輸入しています。

ここも勉強しよう！

改正種苗法《しゅびょうほう》の成立

種と苗の扱《あつか》いについて定められた種苗法は、新しい品種の開発者の権利《けんり》を守る法律《ほうりつ》です。農作物の新しい品種は、国に登録することで国内での保護の対象となります。

しかし、過去には申請《しんせい》を行わなかったために、海外で無断で栽培されたり品種改良が行われて、独自の品種として開発が行われたりする事例がみられました。

そのため、[2]**登録品種**については許諾《きょだく》なしでの[3]**自家増殖**を禁止することで種や苗の海外への流出を防ぐことを目的に、種苗法改正案が国会で審議《しんぎ》され、2021年に成立しました。改正種苗法は2022年4月から施行《しこう》されます。

農業にも押《お》し寄《よ》せるIT化の波

近年、スマート農業と称《しょう》される、ICT（情報通信技術）やロボット技術などの最先端《さいせんたん》技術を駆使《くし》した新たな農業に注目が集まっています。肥料の配合や作業のタイミングなど、従来《じゅうらい》は農家の人々の勘《かん》や経験によって行われてきた部分をICTによってデータ化し管理することで、農業の作業効率がさらに高まることが期待されています。

スマート農業の取り組みが始まった背景《はいけい》には、農家の人々の高齢化《こうれいか》や後継《あとつ》ぎ不足があげられます。農業は技術の習得に時間がかかり、重労働であるなど、若者《わかもの》にとって親しみにくい側面があります。スマート農業によって農作業を楽にすることで、若者の就農《しゅうのう》をうながし、次世代への農業の継承《けいしょう》を目指しています。

この記事もチェックしておこう！

はやぶさ2がもたらしたもの

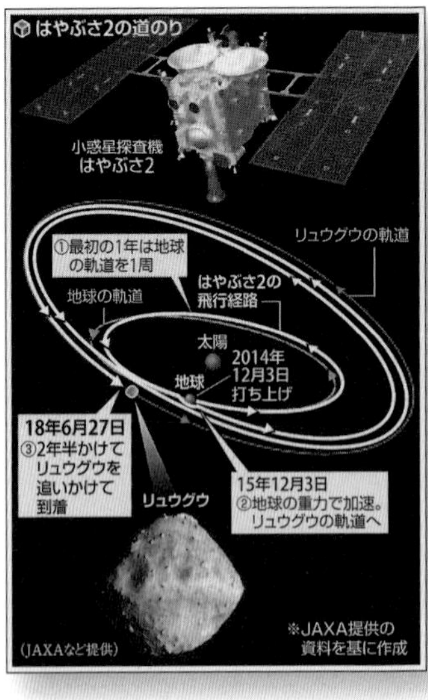

（「読売新聞」2018年6月27日付）

はやぶさ2

カプセルに黒い砂粒

リュウグウの試料

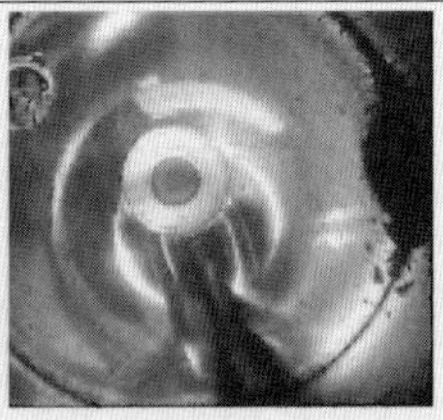

はやぶさ2のカプセル内部に付着した小惑星リュウグウの黒い砂粒（右）＝JAXA提供

日本の小惑星探査機「はやぶさ2」が地球に届けたカプセルから、探査した小惑星リュウグウの黒い砂粒が見つかった。宇宙航空研究開発機構（JAXA《ジャクサ》）が14日、発表した。6年で約52億4000万㌔・㍍を飛行し、小惑星から地球に試料を持ち帰るというはやぶさ2最大のミッションは成功した。2010年に帰還した初代はやぶさに続く2度目の快挙だ。

はやぶさ2は、19年2月と7月の2回にわたって、リュウグウの地表への着地に成功。カプセルには、その際に舞い上がった石や砂などの試料が入っているとみられていた。JAXAによると、カプセルは2層構造で、試料を収める小箱の外側にある容器の底に黒い砂粒が付着していた。量は不明だが、目視できるほどで、初代よりもかなり多く採取できた可能性が高い。

JAXAは今後、採取量などを詳しく調べる。半年かけて試料の色や形、大きさなどを記録したうえ、全国の大学・研究機関で来年6月頃に詳細な分析を始める予定だ。

リュウグウの試料には、生命の材料となる有機物や水が含まれているとみられており、分析によって、太陽系の歴史や生命の起源の手がかりが得られることが期待されている。

（「読売新聞」2020年1月1日付）

「はやぶさ2」カプセルが着陸

「はやぶさ2」は2014年に種子島宇《う》宙《ちゅう》センターから打ち上げられ、2018年に小《しょう》惑《わく》星《せい》「リュウグウ」に到《とう》着《ちゃく》しました。2019年11月には探《たん》査《さ》を終え、「リュウグウ」を出発し、2020年12月、「はやぶさ2」のカプセルがオーストラリア大陸に着陸しました。

今回の探査では、「リュウグウ」が水星より太陽に近い軌《き》道《どう》をとっていた時期があったことがわかりました。また、人工的にクレーターをつくることで、クレーターの生成過程を解明することができました。そして、クレーターをつくったときに露《ろ》出《しゅつ》した地下の岩石の試料を採取することができました。小惑星の表面の岩石は太陽風や宇宙線の影《えい》響《きょう》で性質が変化していますが、地下の岩石は変化が少なく、太陽系《けい》が誕《たん》生《じょう》した当時の状態を保っているとみられます。両方の岩石の成分の比《ひ》較《かく》などから、太陽系の成り立ちを知る手がかりが得られます。

なお、「はやぶさ2」本体は地球に帰《き》還《かん》せず、新たなミッションのため別の小惑星を目指し、今も宇宙を航行中です。

宇宙航空研究開発機構（JAXA《ジャクサ》）
2003年に3つの機関が統合して誕生した、日本における政府全体の宇宙開発・研究・利用を技術で支える中《ちゅう》核《かく》的実《じっ》施《し》機関。小惑星探査機「はやぶさ2」、2020年に運用が終了した宇宙ステーション補《ほ》給《きゅう》機「こうのとり」や、小型ロケットの打ち上げにも取り組んでいる。

はやぶさ2
「はやぶさ」の後《こう》継《けい》機として開発された小惑星探査機。

リュウグウ
地球から約2億8000万km離《はな》れた小惑星で、大きさは直径約900m。

この記事もチェックしておこう！

北方領土の植生図作成へ

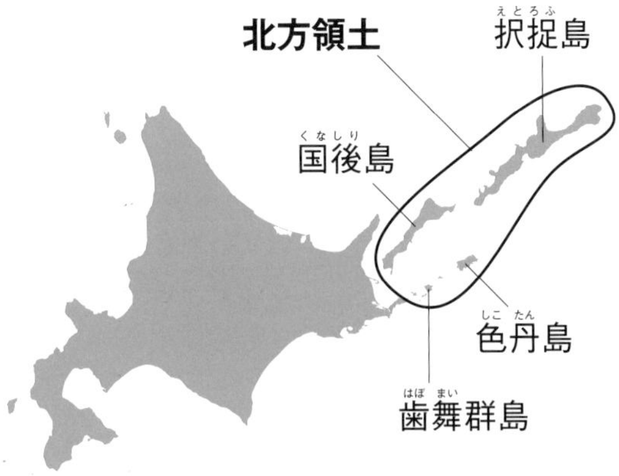

北：	択捉島（北海道）
西：	与那国《よなぐに》島（沖縄県）
南：	沖ノ鳥島（東京都）
東：	南鳥島（東京都）

※北の端・領土の問題
択捉島（北海道）
千島《ちしま》列島南部に位置する島。「岬《みさき》のある所」というアイヌ語が地名の由来。面積は3167㎢で、北方領土の中でも最大の島。日本の島の中では、本州・北海道・九州・四国に次いで大きい。
※日本の端《はし》の島は左の通り

北方領土の「植生図」作成

政府、21年度　衛星画像を活用

政府は、北方領土の植物分布を示す「植生図」を2021年度中に作成する方針を固めた。ロシアが不法占拠を続ける北方領土は現地調査ができないため、人工衛星画像を活用して作成する。国際社会に日本固有の領土であるとアピールする狙いもある。

植生図は、植物を種類ごとにまとめて、分布状態を地形図に落とし込んだもの。建設工事などを行う際の環境影響評価（環境アセスメント）や災害対策、鳥獣対策などの資料として活用される。

政府は、韓国が不法占拠している竹島（島根県）や、沖縄県の尖閣諸島を含めて全国の植生図を作成しているが、北方領土は未作成となっていた。

今回は、北方領土全土の約5000平方㌔・㍍を約1年かけて調査する。国が管理する人工衛星の画像を解析するほか、民間や海外からも画像を購入し、複数枚の画像を組み合わせたり、季節ごとの移り変わりを比べたりして植生図を作る。

現地調査ができないため、縮尺は通常の2万5000分の1ではなく、20万分の1とやや粗くなる。それでも植物分布の概要は把握できるという。環境省生物多様性センター（山梨県）の担当者は「北方領土は道東とは違った植物があるなど、新しい発見が期待できる」と話す。

政府は15年に衛星画像を使って尖閣諸島の植生図を作った実績がある。

（「読売新聞」2021年1月4日付）

CHECK
竹島《たけしま》・尖閣諸島《せんかくしょとう》の植生図はすでに作成されている。

北方領土
千島列島のうち、日本固有の領土である択捉島・国後島・色丹島・歯舞群島を表す。北方領土は北海道に属する。現在はロシアが不法占拠《せんきょ》している。

縮尺
実際の距離《きょり》をちぢめた割合《わりあい》。国土地理院発行の地形図では、縮尺2万5000分の1などが代表的。

日本固有の領土であることをアピール

植生図とは、同じところに生育しているひとまとまりの植物群（植物群落）の種類や分布を載《の》せた地図で、日本では環境省《かんきょうしょう》が作成しています。これまで**北方領土**を除《のぞ》いた日本各地の植生図が存在《そんざい》しましたが、政府は2021年度中に、北方領土の植物の分布を示す地図（植生図）を製作する方針《ほうしん》を固めました。

しかし、北方領土は現在ロシアが不法占拠しているため、現地に直接足を運んでの調査は困難《こんなん》です。そのため、人工衛星が撮影《さつえい》した季節ごとの衛星写真をもとに、北方領土のそれぞれの島々の植生を確認《かくにん》します。なお、近年製作された日本の植生図の**縮尺**《しゅくしゃく》は、最新の空中写真と現地調査によって2万5000分の1となっていますが、北方領土の場合は衛星写真をもとにした調査であることから、縮尺は20万分の1を予定しています。

この記事もチェックしておこう！

ノーベル物理学賞に真《ま》鍋《なべ》淑《しゅく》郎《ろう》氏

真鍋氏 ノーベル賞

物理学賞

「二酸化炭素で温暖化」予測

スウェーデン王立科学アカデミーは5日、2021年のノーベル物理学賞を、地球の気候変動予測の道を開いた真鍋淑郎《しゅくろう》・米プリンストン大上席研究員(90)らに授与すると発表した。高性能のコンピューターを駆使し、二酸化炭素（CO_2）などの温室効果ガスが、地球規模の気候変動に与える影響などを予測した先駆的な研究が評価された。＜関連記事3・26・27面＞

気候変動モデル開発

ノーベル物理学賞の受賞が決まり、喜びを語る真鍋淑郎氏（5日、米ニュージャージー州の自宅で）＝船越翔撮影

真鍋氏への授賞理由は「地球温暖化を予測する地球気候モデルの開発」で、気候学分野での物理学賞受賞は初めてだ。

同時受賞するのは独伊の2研究者。独マックスプランク気象研究所のクラウス・ハッセルマン教授(89)は、真鍋氏の研究を発展させた。伊ローマ・サピエンツァ大のジョルジョ・パリージ教授(73)は、真鍋氏らの研究とは別に、原子の振る舞いなどの複雑な現象に規則性を見いだし、数式で理論化した。

真鍋氏は1958年、米気象局（当時）の研究員として渡米。67年に高速コンピューターを使い、大気の運動と気温との関係を定めるモデルを開発し、「CO_2が2倍に増えると地上気温が2・36度上昇する」との予測を明らかにした。さらに、89年には大気、海洋、陸上の気象が互いに与える影響を組み込んだ本格的な温暖化予測に成功。成果は、世界の科学者らでつくる国連の「気候変動に関する政府間パネル（IPCC）」が翌90年に発表した第1次評価報告書に取り入れられた。人間の活動と温暖化との関係を明らかにしたIPCCは2007年、ノーベル平和賞を受賞した。

真鍋氏は1997年から4年間、日本国内で温暖化を研究するチームも率いた。真鍋氏は、取材に「信じられない気分だ。今ほど気候変動が重要視されている時代はない」と語った。

日本人のノーベル賞受賞は2年ぶりで、28人目（うち米国籍は真鍋氏含めて3人）。物理学賞は15年の梶田隆章・東京大卓越教授に続き、6年ぶり12人目となる。90歳での受賞は、日本人最高齢だ。

賞金は1000万スウェーデン・クローナ（約1億2700万円）で、真鍋氏には4分の1が贈られる。授賞式は、12月10日にストックホルムで行われる。新型コロナ対策のため、受賞者は居住国でメダルなどを受け取る。

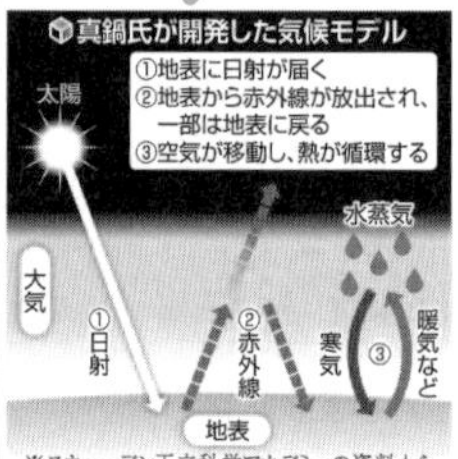

※スウェーデン王立科学アカデミーの資料から

真鍋淑郎氏（まなべ・しゅくろう） 1931年、愛媛県生まれ。東京大理学部卒、同大で博士号取得。渡米後、米海洋大気局上席気象研究員、米プリンストン大客員教授を歴任した。2015年に米ベンジャミン・フランクリン・メダル、18年にスウェーデンのクラフォード賞を受賞した。

（「読売新聞」2021年10月6日付）

※1901年から賞の授与《じゅよ》が始まった。授賞式の12月10日は、賞の創設者《そうせつしゃ》アルフレッド・ノーベル（1833〜96年）の命日。現在、ノーベル賞は物理学賞、化学賞、生理学・医学賞、文学賞、平和賞、経済学賞の6賞がある。

CHECK
真鍋淑郎氏の功績を確《かく》認《にん》しよう。

2021年のノーベル物理学賞は、二酸化炭素などの温室効果ガスが地球温《おん》暖化《だんか》にもたらす影響《えいきょう》などを予測した真鍋淑郎氏ら３人が受賞しました。気象や気候に関する研究を行ってきた人の受賞は、極《きわ》めて珍《めずら》しいとされ、地球環《かん》境《きょう》問題への注目が高まることが期待されています。

日本人のノーベル賞受賞者

物理学賞（12人）

1949年（昭和24年） 湯川秀樹《ゆかわひでき》
1965年（昭和40年） 朝永振一郎《ともながしんいちろう》
1973年（昭和48年） 江崎玲於奈《えさきれおな》
2002年（平成14年） 小柴昌俊《こしばまさとし》
2008年（平成20年） 小林 誠《こばやしまこと》
益川敏英《ますかわとしひで》
南部陽一郎《なんぶよういちろう》※
2014年（平成26年） 赤﨑 勇《あかさきいさむ》
天野 浩《あまのひろし》
中村 修二《なかむらしゅうじ》※
2015年（平成27年） 梶田隆章《かじたたかあき》
2021年（令和3年） 真鍋 淑 郎《まなべしゅくろう》※

化学賞（8人）

1981年（昭和56年） 福井謙一《ふくいけんいち》
2000年（平成12年） 白川英樹《しらかわひでき》
2001年（平成13年） 野依 良 治《のよりりょうじ》
2002年（平成14年） 田中耕一《たなかこういち》
2008年（平成20年） 下村 脩《しもむらおさむ》
2010年（平成22年） 根岸英一《ねぎしえいいち》
鈴木 章《すずきあきら》
2019年（令和元年） 吉野 彰《よしのあきら》

生理学・医学賞（5人）

1987年（昭和62年） 利根川 進《とねがわすすむ》
2012年（平成24年） 山中伸弥《やまなかしんや》
2015年（平成27年） 大村 智《おおむらさとし》
2016年（平成28年） 大隅 良典《おおすみよしのり》
2018年（平成30年） 本庶 佑《ほんじょたすく》

文学賞（2人）

1968年（昭和43年） 川端康成《かわばたやすなり》
1994年（平成6年） 大江健三郎《おおえけんざぶろう》

平和賞（1人）

1974年（昭和49年） 佐藤栄作《さとうえいさく》

経済《けいざい》学賞（0人）

※南部陽一郎氏、中村修二氏、真鍋淑郎氏はアメリカ国籍《こくせき》を取得後に受賞

自然保護の取り組み

日本各地で行われている自然保護の取り組みを押《お》さえ、
自然ゆたかな日本の国土、自然への理解を深めましょう。

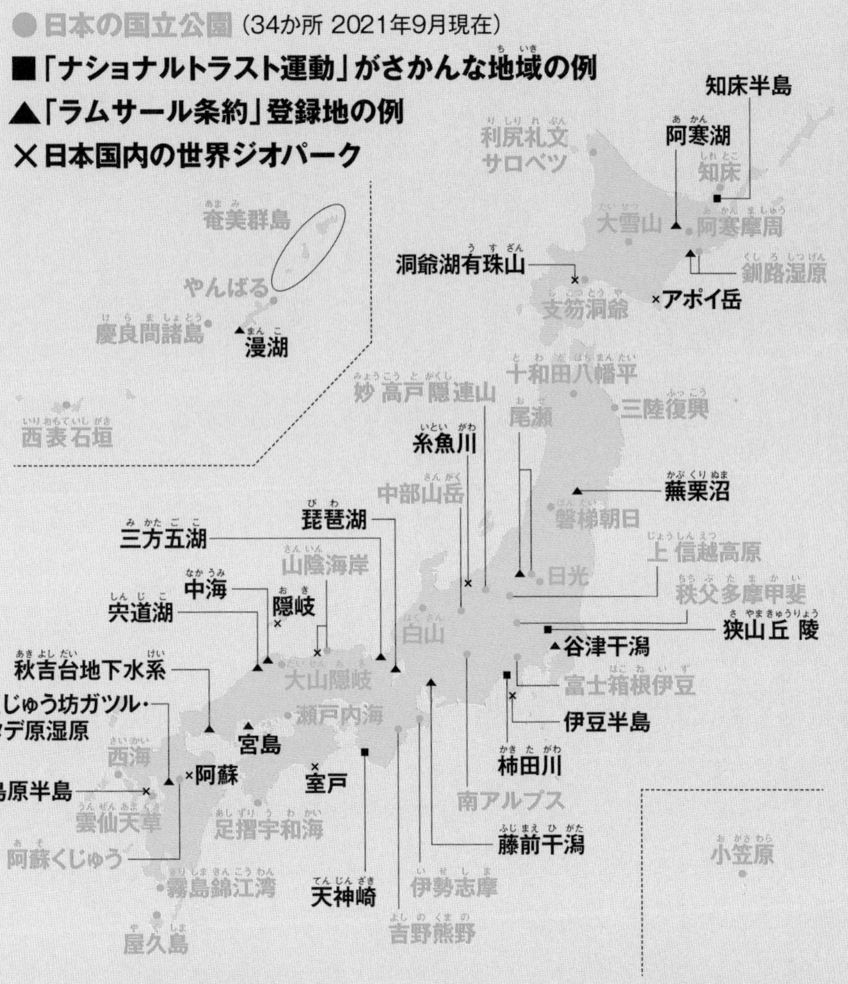

特定外来生物

2017年に日本上陸が初めて確認《かくにん》されたヒアリをはじめ、人間に危害《きがい》をもたらす生物もいる。また、もともと日本にいる在来種《ざいらいしゅ》のエサやすみかを奪《うば》うなど、生態系《せいたいけい》への被害《ひがい》が心配されている。

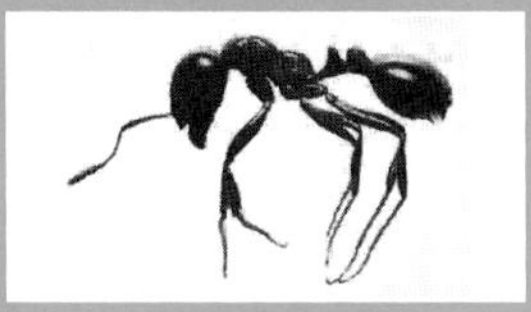

日本への上陸が確認されたヒアリ

生物の絶滅回避《かいひ》に向けて

環境省はレッドリストを作成し、絶滅の危機に瀕《ひん》する野生生物の登録を行っている。

絶滅が心配されるヤンバルクイナ

ナショナルトラスト運動

イギリス発祥《はっしょう》の環境《かんきょう》保護運動。市民が自分たちのお金で身近な自然や歴史的環境を買い取って守るなどして、保護・保全する運動。

ラムサール条約

1971年にイランのラムサールで結ばれた条約で、正式名称《めいしょう》は「特に水鳥の生息地として国際的に重要な湿地《しっち》に関する条約」という。日本では、釧路湿原が最初の登録地。

国立公園

自然公園法に基づき、環境大臣が指定し、環境省（国）が管理する公園。現在、日本に34か所ある。なお、これとは別に、都道府県が管理している国定公園がある。

特定外来生物

人間の活動によって他の地域から入ってきた、生態系・人の生命・身体などに被害を及《およ》ぼす外来種を特定外来生物といい、そのうち、生物多様性に悪影響《えいきょう》を与《あた》えるものを侵略《しんりゃく》的外来種と定義している。

レッドリスト

絶滅《ぜつめつ》の恐《おそ》れのある国内の野生生物を、絶滅の危険度などに応じて分類したもの。環境省が独自に作成しているレッドリストには、3716（海洋生物も含《ふく》めると3772）種もの野生動物が登録されている（2020年）。

ジオパーク

日本語で「大地の公園」を意味する。自然の地質や文化的景観の保全、教育的プログラムなどを通し地域振興につなげる活動を行っている。

講師からのメッセージ

本書をここまで読んだあなたに質問です。本書に出てきた「東京2020オリンピック・パラリンピック」、「SDGs《エスディージーズ》」、「海外の出来事」などについて、あなたはどの程度知っていますか？

「まだきちんと理解できていないかもしれない」と思った場合、どこまで理解できたかを整理してみると良いでしょう。「知っているよ！」と思った場合も、その理解が完璧《かんぺき》なのかを確認《かくにん》するため、知識を整理すると良いでしょう。理解できていないのに、答えることができた部分もあったかと思います。反対に、理解していたつもりでも、わからなかった部分もあったのではないでしょうか？

地名・人名・用語など、時事問題においても暗記しなければいけないことがたくさんあります。社会科における地理・歴史・公民の勉強であれば、地名・人名・用語を暗記しただけで、理解できたような気になるかもしれませんが、名前を知っただけで、「知っているよ！」とはならないはずです。

しかし、物事を知るためには、まずは名前を知らなければなりません。人と人とがお互《たが》いのことを知る上において、まずはお互いの名前を知ることから始めるように、地名・人名・用語の暗記を軽《かろ》んじてはいけませんし、実際の入試問題においても地名・人名・用語を問うものは多く出題されます。その上で、地名であれば「その地域《ちいき》の特色は何なのか」、人名であれば「その人がいつ・どこで・何をした人なのか」、用語であれば「どのような意味を持つのか」をあわせて知ることが、暗記した知識を適切な場面で用いることにつながります。さらに、「その地域ではなぜそのような特色があるのか」、「その人はなぜそのような行動をとったのか」なども、調べてまとめてみましょう。このような取り組みを積み重ねていくことで知識や意識の幅《はば》が広がり、成績向上をもたらすことでしょう。ただし、入試本番までの時間は限られているため、いま言ったことは短時間でくり返《かえ》し行うことを心がけましょう。

入試に出題されると予想される様々な出来事について取り上げた本書もまた、皆《みな》さんの将来《しょうらい》への積み重ねの１つとなり、栄冠《えいかん》を勝ち取るための１冊《さつ》となることを期待しています。

浜学園　教科指導部　社会科主査　**上田星一**

一問一答にチャレンジ

1 避難《ひなん》指示や緊急《きんきゅう》安全確保を発令する役職を次から選び、記号で答えなさい。　**ア** 気象庁《きしょうちょう》長官　**イ** 市（区）町村長
ウ 防衛大臣　**エ** 内閣《ないかく》総理大臣

2 次々と発生する発達した積乱雲《せきらんうん》が、列をなしたように連なり、数時間にわたってほぼ同じ場所を通過、またはとどまることでつくりだされる、強い降水《こうすい》をともなう雨域《ういき》を何といいますか。

3 自然災害による被害《ひがい》を予測し、その被害の範囲《はんい》や程度、避難経路や避難場所などを記した地図を何といいますか。

4 自然災害伝承碑《でんしょうひ》の地図記号を次から選び、記号で答えなさい。　**ア** 　**イ** ∴　**ウ** 　**エ** 

5 二酸化炭素をはじめとした、地球温暖《おんだん》化の原因物質を何といいますか。

6 5の排出《はいしゅつ》量と吸収《きゅうしゅう》量が釣《つ》り合った状態を何といいますか。

7 プラスチックの原料である、石油を精製してつくられるものは何ですか。

8 太陽光発電などの、一度利用しても短期間で再生でき、資《し》源《げん》がなくならないエネルギーを何といいますか。

9 ゲノム編集は、（　　　）の配列に突然変異《とつぜんへんい》を起こして品種改良を行います。（　　　）にあてはまる言葉をアルファベット3字で答えなさい。

10 2019年に「はやぶさ2」が着陸に成功した小惑星《わくせい》の名前を答えなさい。

11 宇宙《うちゅう》航空研究開発機構の略称《りゃくしょう》をアルファベットで答えなさい。

12 北方領土に含《ふく》まれる、日本最北端《さいほくたん》の島の名前を答えなさい。

13 2021年5月に、中国の無人探査《たんさ》機が到着《とうちゃく》した星はどこですか。

14 日本で初めてノーベル賞を受賞した人物はだれですか。

15 平和賞を除《のぞ》いた「ノーベル賞」の授賞式が行われる都市はどこですか。

2022年 入試予想問題

1 次の文章を読んで、あとの問いに答えなさい。

2021 年は記録的な年になりました。冬には①記録的な寒波が発生し、電力不足による停電の恐《おそ》れがあった地域《ちいき》には電力供給《きょうきゅう》が実施《じっし》されました。春には高温が続いて例年より桜が早く開花したり、大陸からやってくる（　A　）が広範囲《こうはんい》に観測されたりしました。夏には大雨によって大きな被害《ひがい》がもたらされました。とくに、2021 年７月には静岡県②熱海市で大雨による大規模《だいきぼ》な土砂崩《どしゃくず》れが起きて、大きな被害が出ました。このように近年では、③次々に発生した積乱雲《せきらんうん》が帯状に連なっている現象によって大きな被害が出ています。これは強烈《きょうれつ》な雨が短時間ではなく、長時間にわたって降り続けることで、④洪水《こうずい》や土砂崩れが起こりやすくなるからです。

日本は自然災害が多い国です。1995 年の阪神・淡路大震災《あわじだいしんさい》、2011 年の⑤東日本大震災など、過去に何度も大きな地震を経験してきました。今後、太平洋側の南海（　B　）で巨大《きょだい》地震が起こるといわれています。ほかにも⑥火山の噴火《ふんか》、（　C　）による高潮《たかしお》、地震による津波など様々な災害にあうであろう日本では、日ごろから⑦防災の意識を持つことが求められています。近年では防災だけではなく、⑧被害が出ることを前提にして、被害を最小限にとどめようとする考えも出てきています。

問 1　下線部①について、2021 年冬に見られた記録的な寒波によって、電力の不足が不安視《し》されました。その理由について述べた文として誤《あやま》っているものを次から選び、記号で答えなさい。

ア．テレワークが推奨《すいしょう》されていたから。　　イ．発電に必要な燃料の価格が急上昇《じょうしょう》していたから。

ウ．暖房《だんぼう》器具の使用の増加が予想されたから。　　エ．消雪パイプの使用の増加が予想されたから。

問 2　下線部②について、熱海市の位置を右の［地図］中の**A～D**から選び、記号で答えなさい。

［地図］

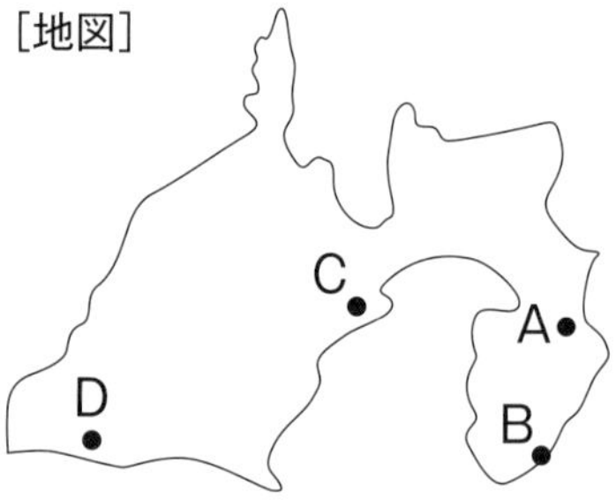

問 3　下線部③について、次々と発生する発達した積乱雲が列をなしたように連なり、数時間にわたってほぼ同じ場所を通過、またはとどまることでつくりだされる強い降水をともなう雨域を何といいますか。

問 4　下線部④について、以下の問いに答えなさい。

（1）　洪水から人々の生活を守る努力は各地で行われてきました。その１つに中部地方にある木曽三川《きそさんせん》の下流域に堤防《ていぼう》で集落を囲んだ地域があります。このような堤防で囲んだ集落のことを何といいますか。また、木曽三川の正しい組み合わせを次から選び、記号で答えなさい。

ア．木曽川・長良川・最上川　　イ．長良川・天竜川・木曽川

ウ．揖斐《いび》川・木曽川・大淀《おおよど》川　　エ．揖斐川・長良川・木曽川

（2）　明治時代に行われた木曽三川の分流工事に携《たずさ》わった技術者を次から選び、記号で答えなさい。

ア．エドワード・モース　　イ．ウィリアム・スミス・クラーク

ウ．アーネスト・フェノロサ　　エ．ヨハネス・デ・レーケ

問5　下線部⑤について、東日本大震災では福島県にある原子力発電所が津波《つなみ》によって大きな被害を受け、原子力発電のありかたが議論《ぎろん》されるようになりました。右の［表1］は日本における火力・水力・原子力・風力の各発電量を示しています。原子力発電にあたるものを［表1］中のア～エから選び、記号で答えなさい。

［表1］　（単位　百万kWh、「日本国勢図会2021／22」より作成）

年度	ア	イ	ウ	エ	合計
1990	—	202272	95835	557423	857272
2000	109	322050	96817	669177	1091500
2010	4016	288230	90681	771306	1156888
2020	6906	61035	86314	792810	970770

問6　下線部⑥について、火山名と火山が位置する都道府県の組み合わせとして誤《あやま》っているものを選び、記号で答えなさい。

ア．富士山 — 山梨県・静岡県　　イ．雲仙岳《うんぜんだけ》 — 長崎県
ウ．大山《だいせん》 — 島根県　　エ．御嶽山《おんたけさん》 — 岐阜県・長野県

問7　下線部⑦について、防災に役立てるために、どこでどのような災害が発生するかの予測をのせた地図のことを何といいますか。

問8　下線部⑧について、次の問いに答えなさい。

（1）　このような考えを何といいますか。漢字２字で答えなさい。

（2）　2021年５月から、豪雨《ごうう》災害などの際に住民に向けて発令する避難《ひなん》情報が変更《へんこう》されました。これについて表した右の［表2］中の（　あ　）～（　う　）にあてはまる語句を次から選び、それぞれ記号で答えなさい。

ア．緊急《きんきゅう》安全確保　　イ．避難指示　　ウ．高齢者《こうれいしゃ》等避難

［表2］

警戒レベル	
5	（　あ　）
4	（　い　）
3	（　う　）
2	大雨・洪水・高潮警報《たかしおけいほう》
1	早期注意情報

問9　（　Ａ　）・（　Ｂ　）・（　Ｃ　）にあてはまる語句をそれぞれ答えなさい。

2　次の文章を読んで、あとの問いに答えなさい。

今の地球は環境《かんきょう》に関する大きな問題をかかえています。人が活動することで環境に様々な変化を起こしています。①地球温暖化、②大気汚染《おせん》、③水質汚濁《おだく》や土壌《どじょう》汚染などに、人の活動はかかわっています。しかし、このままの状態にしてしまうと環境はもとにもどらなくなってしまいます。人間が狩《か》りや採集などをしていた時代は人間が環境に影響《えいきょう》を与《あた》えても、自然界の回復力が勝っていました。しかし、文明の発達によりさらに大きな影響を与え始め、とくに１８世紀から１９世紀におこった④産業革命《かくめい》以降《いこう》は、自然の回復力をはるかにこえてしまいました。例えば、地球温暖化につながる温室効果ガスの大量排出《はいしゅつ》です。これにより地球の平均気温が年々上昇《じょうしょう》しているといわれています。

問１　下線部①について、地球温暖化が進むことで考えられる地球環境への被害について簡単《かんたん》に説明しなさい。

問２　下線部②について、次の説明文にあてはまる現象を何というか答えなさい。

自動車や工場から排出される窒素《ちっそ》酸化物などが紫外線《しがいせん》によって化学反応をおこし、大気に白いモヤがかかったようになる現象。

解答と解説▶P113

問3 下線部③について、海洋に大量に存在《そんざい》して、生態系《けい》に大きな影響を与《あた》えている微小《びしょう》なプラスチック粒子《りゅうし》のことを何といいますか。解答欄《らん》に合わせて答えなさい。

問4 下線部④について、産業革命の主な動力源《げん》として使用された原料としてもっともふさわしいものを次から選び、記号で答えなさい。

ア．石炭　　イ．石油　　ウ．天然ガス　　エ．ウラン

3 次の学くんと園子《そのこ》さんの会話文を読んで、あとの問いに答えなさい。

〈統計は（公財）矢野恒太記念会「日本国勢図会2021/22」より〉

学くん「近年、農業の技術の発展《はってん》がすごいね。とくにゲノム編集技術はテレビのニュースで見て感心しちゃったよ。」

園子さん「ゲノムってまるでパソコンで文章を書き換《か》えるみたいに動植物の遺伝子《いでんし》を変えられるのね。」

学くん「ゲノム編集技術を利用してつくられた①トマトの販売が2021年9月にはじまったよ。」

園子さん「まず企業《きぎょう》が種を契約《けいやく》している②農家に提供《ていきょう》したみたいね。そのあと農家が栽培《さいばい》して収穫《しゅうかく》し、出荷されたそうよ。どんなトマトか食べてみたいね。」

学くん「でも③食の安全性を考えると心配なことも多いね。これについては内閣府《ないかくふ》食品安全委員会が厳正《げんせい》に審査《しんさ》するみたいだから、政府も国民の信用を損《そこ》なわないようにしっかりやってもらいたいよね。」

園子さん「日本の農業は限られた状況《じょうきょう》の中で④ロボットやドローン、AIなどの先端《せんたん》技術を使って絶え間ない品種改良を行っていることがすごいと思うわ。日本の農作物はおいしいと海外でも評判みたいね。」

学くん「これからの日本の農業は、規模《きぼ》では諸《しょ》外国にかなわないけど、質ならどこにも負けないようになるかもね。品種改良によって誕生《たんじょう》した新しい品種は（　⑤　）の改正などでしっかり守らないとね。」

園子さん「将来《しょうらい》的には技術が進んで農作物の輸出国になるかもしれないね。」

問1 下線部①について、トマトの生産量が日本1位（2019年）の都道府県名を答えなさい。

問2 下線部②について、日本の農家に関する文として誤《あやま》っているものを次から選び、記号で答えなさい。

ア．現在、農業で働く人の約70％が65歳《さい》以上の高齢者《こうれいしゃ》である。（2019年）

イ．農家の数は年々減少しているが、販売《はんばい》農家の割合《わりあい》は増加している。（2020年）

ウ．販売農家とは、経営耕地面積が30アール以上、または農作物を売る金額が年間50万円以上の農家のことである。

エ．農業経営体あたりの耕地面積は、全国的に増加している。

問3 下線部③について、「食の安全性」の観点から商品の生産から消費までを追跡《ついせき》できるシステムをカタカナ8字で答えなさい。

問4 下線部④について、このような農業の名前を解答欄に合わせてカタカナ4字で答えなさい。

問5 （　⑤　）にあてはまる法律《ほうりつ》として正しいものを次から選び、記号で答えなさい。

ア．植物防疫《ぼうえき》法　　イ．食糧《しょくりょう》管理法　　ウ．種苗《しゅびょう》法　　エ．農業基本法

1 解答欄《らん》

問1		問2		問3	

問4	(1)	集落		木曽三川		(2)		問5		問6	

問7	

問8	(1)			(2)	あ		い		う	

問9	A		B		C	

2 解答欄

問1	

問2		問3	プラスチック	問4	

3 解答欄

問1		問2	

問3								

問4					農業	問5	

適性検査・表現型問題

1 防災や災害発生時の対応について、次の課題に取り組みなさい。

課題1 洪水《こうずい》発生時に浸水《しんすい》する恐《おそ》れのある地域《ちいき》を示したハザードマップについて、一般《いっぱん》的に河川に近い地域は浸《しん》水《すい》したときの水深が深くなりますが、河川から離《はな》れていても浸水したときの水深が深くなる地域があります。このような地域の特徴《とくちょう》について説明しなさい。

課題2 かつてその地域で災害があったことを後世に伝える石碑《せきひ》やモニュメントを表す「自然災害伝承碑《でんしょうひ》」の地図記号が2019年に登場しました。この地図記号は、どのような期待からつくられたと考えられるか説明しなさい。

課題 1	
課題 2	

2 地球環境《かんきょう》問題について、次の課題に取り組みなさい。

課題1 2020年7月から、スーパーマーケットなどで商品を購入《こうにゅう》した際にわたされるレジ袋《ぶくろ》の有料化が義務化されました。そのことで、どのような効果が期待できますか。右の［資料］をふまえて説明しなさい。

課題2 右下の［地図］は、世界の環境問題について示したものです。これを見て、酸性雨の被害《ひがい》が深刻《しんこく》な地域はどのような地域か説明しなさい。

課題 1	
課題 2	

［資料］

（「読売新聞」2019年3月15日付）

［地図］

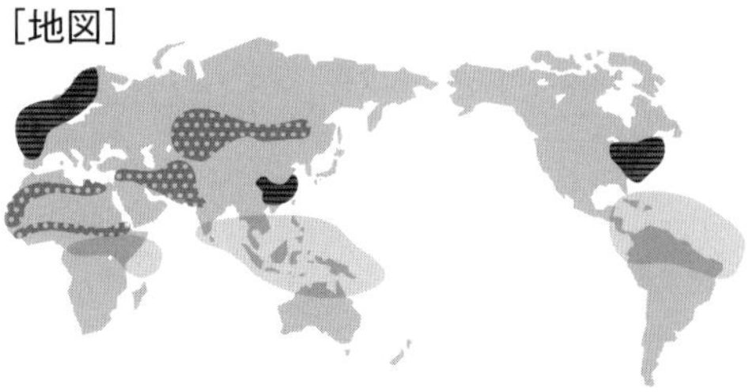

酸性雨　砂漠《さばく》化　熱帯林の破壊《はかい》

解答と解説

第1章 新型コロナウイルスと社会

一問一答

1 WHO（世界保健機関）　2 パンデミック

3 知事（都道府県知事）

4 （エドワード・）ジェンナー　5 密集《みっしゅう》・密接《みっせつ》・密閉《みっぺい》

6 公衆《こうしゅう》衛生　7 保健所　8 GDP

9 テレワーク（リモートワーク）　10 IOC

11 （ピエール・ド・）クーベルタン

12 ピクトグラム　13 難民《なんみん》選手団

14 パラリンピック　15 天然痘《てんねんとう》

入試予想問題

1 問1 （1） パンデミック　（2） WHO

問2 ウ　問3 （1） イ　（2） 保健所

問4 （1） ア　（2） ウ　問5 ウ

解説　**問1** （2） 世界保健機関（WHO）事務局長はエチオピア人のテドロス・アダノムです。（2021年9月現在）

問2 **ア**は「キュリー夫人」の名でも知られる、放射能《ほうしゃのう》の研究を行い女性初のノーベル物理学賞を受賞した人物です。**イ**は国際赤十字の創設者《そうせつしゃ》です。**エ**は「細菌学《さいきんがく》の父」と称《しょう》され、結核《けっかく》菌《きん》やコレラ菌を発見した人物です。

問4 （2）改正新型インフルエンザ対策特別措置法《そちほう》のもとで、都道府県知事は他の都道府県民に対し来訪《らいほう》を自粛《じしゅく》するよう要請《ようせい》できますが、強制力はありません。

問5 特別定額給付金は総務省が担当《たんとう》しました。

2 問1 ウ

問2 （1） 日中戦争が起こったから。（同意可）

（2） 1964（年）　（3） イ　（4） ア

問3 文部科学（省）　問4 ピクトグラム

問5 パラリンピック　問6 ウ　問7 IOC

解説　**問1** 2021年について、**ア**の海の日は7月第3月曜日から7月22日に、**エ**の山の日は8月11日から8月8日に移動しました。**イ**の昭和の日は4月29日の祝日です。

問2 （3）**ア**は1958年、**ウ**は1970年、**エ**は1953年です。

問6 **ア**は第1回（1896年）・第28回（2004年）大会が開催《かいさい》されました。**イ**は第29回（2008年）大会が開催され、次回（2022年）の冬季大会が開催される予定です。**エ**は第10回（1932年）・第23回（1984年）大会が開催され、次々回（2028年）の第34回大会が開催される予定です。

3 問1 A 弥生《やよい》（時代）　B 清少納言《せいしょうなごん》　C 望月《もちづき》

D 藤原道長《ふじわらのみちなが》

問2 X エ　Y ウ　問3 藤原《ふじわら》（京《きょう》）　問4 ア

問5 日本の関税自主権を回復（完全回復）させた。

解説　**問4** **イ**は森鷗外《おうがい》、**ウ**は夏目漱石《そうせき》、**エ**は石川啄木《たくぼく》の写真です。

適性検査・表現型問題

1 課題1 **解答例：**業種によって景気の回復が早いところと遅《おそ》いところにわかれること。（同意可）

課題2 **解答例：**（「脱《だつ》ハンコ」の動きが進むことで、）紙の使用を少なくするペーパーレス化が進む。（同意可）

解説　**課題1** 増益・減益それぞれの業種を確認《かくにん》しておきましょう。

課題2 コロナ以前から、紙の使用量は減少傾向《けいこう》にあります。

2 課題 **解答例：**西日本から江戸《えど》へ向かう街道《かいどう》には、箱根をはじめとした関所が設置されており、人々が往来する際には関所を通らなければならなかったので、幕府《ばくふ》は関所で人の往来を制限することができたから。（同意可）

解説　**課題** 江戸幕府は五街道《ごかいどう》に、箱根関や碓氷《うすい》関などの関所を設けました。江戸幕府はとくに、「入《い》り鉄砲《でっぽう》に出女《でおんな》」（江戸に武器を持ちこまれること、人質《ひとじち》であった大名の妻子が領国に脱《だっ》出《しゅつ》すること）を徹底的《てっていてき》に防いでいたため、関所の通過には手形とよばれる許可証が必要でした。関所を通らずに通行する「関所破り」をした場合は、磔《はりつけ》などの厳罰《げんばつ》が科されることもありました。

第2章　政治と社会

一問一答

1 岸田文雄《きしだふみお》　2 465人　3 (満) 25歳《さい》以上
4 期日前投票　5 1票の格差　6 18歳
7 イ　8 民法　9 控訴《こうそ》　10 三陸《さんりく》海岸
11 南海《なんかい》トラフ　12 1945年8月6日
13 放射性《ほうしゃせい》物質　14 デジタル庁《ちょう》　15 ウ

入試予想問題

1　問1 **(1)** 貴族院《きぞくいん》　**(2)** 原敬《はらたかし》
(3) Ⅰ 15 (円)　Ⅱ 満25歳以上の男子 (同意可)
問2 **(1)** **解答例:** 1つの選挙区から1人が当選するため、死票 (落選者への票) が多くなる。(同意可)
(2) 4 (年)　**(3)** 国民審査《しんさ》
問3 広島高等 (裁判所《さいばんしょ》)　問4 ア、オ (順不同)
問5 **A** 2019 (年)　**B** 465 (議席)

解説　**問1** **(3)** Ⅰ 1890年に行われた第1回衆議院《しゅうぎいん》議員総選挙では、選挙権を有していたのは当時の総人口のうちの約1.1%の人々でした。
Ⅱ 1925年に制定された普通《ふつう》選挙法によるものです。同年にはこのほかに、治安維持《いじ》法が制定されています。

2　問1 **あ** 2022 (年)　**い** (国民) 投票
問2 法務省　問3 18 (歳)
問4 エ　問5 ア　問6 ウ　問7 分煙《ぶんえん》

解説　**問4** **ア**は天皇《てんのう》の国事行為《こうい》、**イ**は平和主義 (戦争放棄《ほうき》)、**ウ**は生存権を規定しています。
問5 **イ**は国家公安委員会 (国家公安委員会は内閣府の外局)、**ウ**は文部科学省、**エ**は国土交通省に属しています。

3　問1 **(1)** ジェンダー　**(2)** LGBT
問2 ア　問3 **(1)** **A** イ　**B** エ　**(2)** 市川房枝《ふさえ》
問4 ハラスメント　問5 男女雇用《こよう》機会均等法

解説　**問1** **(1)** 文中の「ジェンダーギャップ」は、性別による社会的格差のことを指す言葉です。日本は、教育や医療《いりょう》格差はほとんどありませんが、賃金《ちんぎん》格差や国会議員や管理職に占《し》める女性の割合《わりあい》が低く、政治・経済《けいざい》の分野で女性の地位が低いことが課題です。
(2) LGBTは、レズビアン (女性の同性愛者)、ゲイ (男性の同性愛者)、バイセクシャル (両性愛者)、トランスジェンダー (身体の性と心の性が一致《いっち》しない人) の略称《りゃくしょう》です。
問2 **イ**はケニア出身の女性で環境《かんきょう》保護活動家。日本語の「もったいない」という言葉を世界に広めるとともに、ノーベル平和賞を受賞したことでも知られています。**ウ**はミャンマー民主化運動の指導者として知られている女性です。現在のミャンマー情勢についても確認《かくにん》しましょう。
問5 1985年に批准《ひじゅん》された女子差別撤廃《てっぱい》条約を受けて、成立しました。1999年に施行《しこう》された「男女共同参画社会基本法」などについても一緒《いっしょ》に確認しておきましょう。

適性検査・表現型問題

1　課題1 **解答例:** 契約《けいやく》
課題2 **解答例:** 自分で判断したことについて自ら責任を負うことになります。(同意可)
課題3 **解答例:** 参議院議員通常選挙の年代別投票率は、年齢《ねんれい》の高い世代ほど投票率が高くなる傾向《けいこう》にあることから、高齢者の政治に対する影響力《えいきょうりょく》が増大し、若《わか》い人の意見が政治に反映《はんえい》されにくくなる。(同意可)

解説　**課題2**「自立している」「大人としての判断力が備わっている」などから、どのような文章を書くべきか判断しましょう。

2　課題 **解答例:** 男性は20歳代から50歳代までほとんどの人が働いているのに対し、女性は近年になるにつれ、全体的には就業率《しゅうぎょうりつ》の上昇《じょうしょう》が見られるものの、結婚《けっこん》や出産により、30歳代を中心に就業率に減少傾向が見られる。(同意可)

第3章 経済《けいざい》と暮《く》らしと文化

一問一答

1 ユネスコ（UNESCO・国際連合教育科学文化機関）　2 ア　3 三内《さんない》丸山遺跡《いせき》　4 持続可能
5 ジェンダー　6 TPP11　7 中国
8 ヤングケアラー　9 イ　10 富岳《ふがく》
11 キャッシュレス決済《けっさい》　12 AI
13 渋沢《しぶさわ》栄一　14 津田《つだ》梅子　15 日本銀行

入試予想問題

1　問1 ア　問2 イ　問3 ユネスコ
問4（1）ウ　（2）聖徳太子《しょうとくたいし》　（3）エ　（4）負
問5 エ

解説　**問1** **ア**について、鉄器は弥生《やよい》時代に大陸から日本へ伝《でん》来《らい》しました。
問2「やんばる（山原）」にはヤンバルクイナが生息しています。**ア**は「さとうきび」、**ウ**は「沖縄」、**エ**は「助け合う、一緒《いっしょ》にがんばろう」といった意味の、それぞれ沖縄の方言です。
問4（3）**ア**と**イ**は古都京都の文化財（**ア**は滋賀県、**イ**は京都府）、**ウ**は古都奈良の文化財です。

2　問1 エ
問2（1）中国　（2）外国人技能実習（制度）
問3（1）（国連）持続可能な開発目標
（2）フードバンク

3　[Ⅰ] 問1 **解答例：**日本国内の生産拠点《きょてん》が海外に移転することにより、日本の産業がおとろえてしまうこと。（同意可）
問2 グローバル（化）
問3（1）関税　（2）関税の引き下げや廃止《はいし》によって、自動車工業などで製品輸出が拡大《かくだい》し、組み立て型工業が発達する。（同意可）
[Ⅱ] 問1 A 通信　B メディアリテラシー
C 個人情報　D 著作権《ちょさくけん》
問2（1）SNS　（2）ウ　（3）キャッシュレス（決《けっ》済《さい》）　問3 イ

解説　[Ⅱ] **問2**（1）SNSはソーシャル・ネットワーキング・サービスの略称《りゃくしょう》です。
問3 **ア**はテレビ、**ウ**は雑誌《ざっし》、**エ**はラジオ、**オ**は新聞です。

適性検査・表現型問題

1　課題　**解答例：**少子高齢《こうれい》化が進み、年金や医療《いりょう》保険などにかかる費用が増え、歳出《さいしゅつ》に占《し》める社会保《ほ》障《しょう》関係費の割合《わりあい》が増加している。（同意可）

2　課題　**目標1　解答例：**適正な価格で継続的《けいぞくてき》に購《こう》入《にゅう》することで、発展《はってん》途上《とじょう》国の人々の収入《しゅうにゅう》が向上し、自立をうながすことができる。（同意可）
目標12　解答例：フェアトレードの商品を購入することで、発展途上国の人々の暮らしの向上に貢献《こうけん》することができる。（同意可）

第4章
海外の出来事

一問一答

1 ジョー・バイデン　2 パリ協定　3 習近平《シージンピン》《しゅうきんぺい》
4 香港《ホンコン》　5 イスラム教　6 ミャンマー
7 シリア　8 UNHCR
9 アントニオ・グテ（ー）レス　10 ヒバクシャ
11 NGO　12 スエズ運河　13 テロ
14 アフガニスタン　15 北京《ペキン》

入試予想問題

1 問1 （1）9（時間）　（2）ア、エ（順不同）
問2 （1）ウラジーミル・プーチン　（2）イ
問3 （1）タリバン　（2）アメリカ（合衆国《がっしゅうこく》）
問4 イ　問5 （1）一帯一路　（2）北京
問6 ア　問7 イ

解説　**問1 （2） エ**について、ロシアは主要国首脳《しゅのう》会議のメンバーだったこともありましたが、クリミア併合《へいごう》問題を機に、2014年に参加が停止されました。
問2 （2） アについて、ソビエト連邦《れんぽう》の面積は日本の約60倍でした（ロシア連邦の面積は日本の約45倍）。**ウ**について、朝鮮《ちょうせん》戦争でソビエト連邦が支援《しえん》したのは、現在の朝鮮民主主義人民共和国（北朝鮮）側です。**エ**について、1956年に日ソ共同宣《せん》言《げん》に署名《しょめい》した当時の内閣《ないかく》総理大臣は鳩山一郎《はとやまいちろう》です。
問4 アは石油輸出国機構、**イ**は東南アジア諸国《しょこく》連合、**ウ**は北大西洋条約機構、**エ**はアフリカ連合です。
問7 アはジブラルタル海峡《かいきょう》、**ウ**はシンガポール海峡、**エ**はパナマ運河です。

2 問1 長崎　問2 ウ
問3 （1）ア　（2）エ

解説　**問3 （1） ア**のJICA《ジャイカ》は日本のODA（政府開発援助《えんじょ》）の実施《じっし》機関です。

3 [I] 問1 ミャンマー　問2 ユダヤ（人）
問3 イ　問4 ウ　問5 ウ
問6 国連平和維持《いじ》活動（PKO）
[II] 問1 A イ　B キ
問2 （1）政府開発援助（ODA）　（2）ウ

解説　[I] **問1** ミャンマーは以前から、バングラデシュに逃《のが》れた少数民族ロヒンギャの人々の難民《なんみん》問題がありました。また、2021年に起こった軍によるクーデターがきっかけで、新たな難民が生まれています。
問3 アの明石康《あかしやすし》さんは国連事務次長、国連事務総長特別代表を歴任。カンボジア和平やユーゴスラビア紛争収拾《ふんそうしゅうしゅう》などで活躍《かつやく》しました。**ウ**の小和田恆《おわだひさし》さんは外務省事務次官、国際司法裁判所《さいばんしょ》の所長を歴任。皇后雅子《こうごうまさこ》さまの父としても知られています。**エ**の岩沢雄司《いわさわゆうじ》さんは現在、国際司法裁判所の裁判官を務めています。
問4 アは国連教育科学文化機関（ユネスコ）、**イ**は国連児童基金（ユニセフ）、エは国連貿易開発会議です。

適性検査・表現型問題

1 課題 **（賛成の場合）解答例：**核《かく》兵器禁止条約は世界の多くの国が賛成しているため、唯一《ゆいいつ》の被爆国《ひばくこく》である日本が参加することで、この条約の意義をさらに高めることができるから。（同意可）
（反対の場合）解答例：核兵器を実際になくすためには、核兵器禁止条約に参加していない核保有国を含《ふく》めた話し合いをすることが重要で、また、核開発の脅威《きょうい》が見られるなか、核兵器をすぐに全廃《ぜんぱい》することは現実的ではないから。（同意可）
解説　日ごろから新聞をよく読み、自分なりの意見を考えてまとめてみましょう。

2 課題　**解答例：**連合国軍による占領《せんりょう》状態が解《かい》除《じょ》され、日本の主権《しゅけん》が回復したから。
解説　太平洋戦争後、日本はアメリカを中心とした連合国軍の占領下に置かれましたが、日本の主権回復を認《みと》めるサンフランシスコ平和条約が1951年に結ばれ、1952年に発効されたことにより、占領状態が解除されて日本の主権が回復しました。

3 課題 **解答例：**地球温暖化《おんだんか》が進み、海氷がとけることで北極海を通行しやすくなると考えられているから。（同意可）

第5章 自然と科学

一問一答

1 イ　2 線状降水《こうすい》帯　3 ハザードマップ

4 ア　5 温室効果ガス

6 カーボンニュートラル　7 ナフサ

8 再生可能エネルギー　9 DNA

10 リュウグウ　11 JAXA《ジャクサ》　12 択捉島《えとろふとう》

13 火星　14 湯川秀樹《ひできの》　15 ストックホルム

入試予想問題

1　問1 エ　問2 A

問3 線状降水《こうすい》帯

問4 (1) 輪中（わじゅう）、エ　(2) エ

問5 イ　問6 ウ　問7 ハザードマップ

問8 (1) 減災　(2) **あ** ア　**い** イ　**う** ウ

問9 **A** 黄砂《こうさ》　**B** トラフ　**C** 台風

解説　**問1 エ**について、消雪パイプは水を流して道路に積もった雪をとかす装置《そうち》です。

問2 Bは下田市、**C**は静岡市、**D**は浜松《はままつ》市です。

問4 (1) 揖斐《いび》川・長良川・木曽《きそ》川の木曽三川《きそさんせん》の下流域《かりゅういき》に広がる、堤防《ていぼう》で囲まれた一帯のことを輪中といいます。**(2)** 木曽三川の下流域ではたびたび洪水《こうずい》が発生し、周辺に住む人々は苦しんできました。そこで江戸幕府《えどばくふ》は、18世紀中ごろに薩摩藩《さつまはん》に治水工事を命じました。明治時代になると明治政府はオランダ人技術者のヨハネス・デ・レーケを招いて工事を担当《たんとう》させ、大工事の末に水害は激減《げきげん》しました。**ア**のエドワード・モースは大森貝塚《かいづか》を発見・発掘《はっくつ》した人物、**イ**のウィリアム・スミス・クラークは札幌《さっぽろ》農学校（今の北海道大学）の初代教頭だった人物、**ウ**のアーネスト・フェノロサは日本美術の復興に尽力《じんりょく》した人物です。

問5 イの原子力発電は2011年に起きた東日本大震災《だいしんさい》の影響《えいきょう》により一時停止していました。その後、少しずつ再稼働《かどう》が増えていますが、もとの発電量には程《ほど》遠い状態です。**ア**は風力、**ウ**は水力、**エ**は火力発電です。

問6 大山《だいせん》は鳥取県西部にあり、中国地方の最高峰《さいこうほう》です。

2　問1 **解答例**：海面が上昇《じょうしょう》し、低地が水没《すいぼつ》する。（同意可）

問2 光化学スモッグ　問3 マイクロ（プラスチック）　問4 ア

解説　**問4** 産業革命《かくめい》のときの動力は蒸気《じょうき》機関です。蒸気機関は石炭を燃やして得た熱エネルギーを水に伝えて発生する蒸気を使用して機械を動かすものです。

3　問1 熊本県　問2 イ

問3 トレーサビリティ　問4 スマート（農業）

問5 ウ

解説　**問2 イ**について、農家の数も販売《はんばい》農家の割合《わりあい》も年々減少しています。

問5 種苗法《しゅびょうほう》は日本で開発された品種を保護する法律《ほうりつ》で、2020年12月に改正されました。近年、日本の農作物（シャインマスカット、いちご）などが海外に流出する例が増えており、これを防止する目的もあります。

適性検査・表現型問題

1　課題1 **解答例**：地盤《じばん》が低くなっている。下水道が近くの地面を通っている。（同意可）

課題2 **解答例**：災害があったことを後世に伝える石碑《せきひ》の存在《そんざい》が地域《ちいき》の人々から忘《わす》れ去《さ》られることを防ぎ、地域《ちいき》の人々の防災意識を高めることが期待される。（同意可）

解説　**課題1** 大雨によって下水道や排水路《はいすいろ》が水をさばききれなくなることによって起こる洪水《こうずい》を内水氾濫《はんらん》といいます。

2　課題1 **解答例**：海に流れこむプラスチックゴミが減り、海洋生物への被害《ひがい》を少なくすることが期待できる。（同意可）

課題2 **解答例**：欧米《おうべい》や中国など、工業がさかんな地域で酸性雨が降《ふ》っている。（同意可）

解説　**課題1** ストローもレジ袋《ぶくろ》のようにプラスチック製のものが多くありますが、近年は紙ストローを提供《ていきょう》する飲食店もみられます。

入《にゅう》試《し》に勝《か》つ新《しん》聞《ぶん》記《き》事《じ》 2022

2021年11月12日　第1刷

共同編集　浜学園　駿台・浜学園　読売新聞教育ネットワーク事務局
編集人　南原 務
発行人　丸山淳一
発行所　読売新聞東京本社

東京本社　東京都千代田区大手町1の7の1　〒100-8055
大阪本社　大阪市北区野崎町5の9　〒530-8551
西部本社　福岡市中央区赤坂1の16の5　〒810-8581

協力　AP通信、ロイター通信、時事通信、時事通信フォト
公益財団法人東京オリンピック・パラリンピック競技大会組織委員会
JAXA

編集・執筆　松本 茂、榎 隆敏、前田 茂、上田星一、西島 優、熊倉 健、峯 千裕、
寺尾直貴、中澤康浩、塩崎 勉、荒井康孝、永源 洸、松本真季、村上 諒、
大西優里佳、朝田隼斗、小笠原菜月、湯本真也
（浜学園、駿台・浜学園）
編集　読売新聞東京本社教育ネットワーク事務局、中央公論新社
山本啓子（中央公論新社）
アートディレクター　大久保裕文（ベターデイズ）
デザイン　井上裕介、山口華子（ベターデイズ）
写真　読売新聞写真部
校閲　佐藤 剛／池田 繁（東京出版サービスセンター）

印刷所　図書印刷
製本所　図書印刷

本書は2021年10月6日現在までの
読売新聞記事をもとに、構成しています。

ISBN978-4-643-21010-1　C6036
Printed in Japan
定価は表紙に表示してあります。
落丁本、乱丁本はお取り換えいたします。

2022年 入試に勝つ 一問一答カード

感染症《かんせんしょう》対策《たいさく》を行う国際連合の専門機関を何といいますか。

2020年3月にWHOが宣言《せんげん》した、感染症《かんせんしょう》の世界的流行を何といいますか。

緊急《きんきゅう》事態宣言《せんげん》の発令時、住民への外出自粛《じしゅく》要《よう》請《せい》や店舗《てんぽ》への休業要請を出す権限《けんげん》を持つ首長の職制は何ですか。

天然痘《とう》ワクチンを発明した人物はだれですか。

新型コロナウイルスの感染《かんせん》防止のために避《さ》けるべき状態である「3密《みつ》」にあてはまるものを、すべて答えなさい。

日本の社会保障《ほしょう》を支える4つの制度のうち、感染症対策《たいさく》などを行う制度を何といいますか。

地域の住民の健康を守るために、感染症対策《たいさく》などを行う公的機関を何といいますか。

国内総生産の略称《りゃくしょう》を何といいますか。

自宅《じたく》をはじめとした会社以外の場所で仕事をすることを何といいますか。

国際オリンピック委員会の略称《りゃくしょう》をアルファベット3字で答えなさい。

「近代オリンピックの父」と称《しょう》される、古代ギリシャで行われていたオリンピックを現代に復活させた人物はだれですか。

1964年東京オリンピックで使用されたことで日本における普及《ふきゅう》のきっかけとなった、情報を表した記号を何といいますか。

2021年東京オリンピックでは、紛争《ふんそう》や政治的圧力などで母国を逃《のが》れた人々による選手団が出場しました。この選手団を何といいますか。

オリンピックの後に開かれる、障《しょう》がい者のスポーツ大会を何というか答えなさい。

1980年にWHOが根絶を宣言《せんげん》した感染症《かんせんしょう》は何ですか。

第1次世界大戦中の1918年に、アメリカ軍基地の中から発生したとされるインフルエンザを何といいますか。

2021年10月に就任《しゅうにん》した100代目の内閣《ないかく》総理大臣はだれですか。

衆議院《しゅうぎいん》の議員定数は何人ですか。

衆議院《しゅうぎいん》議員の被《ひ》選挙権《けん》は何歳《さい》以上ですか。

選挙の投票日に投票に行けない人が事前に投票を行う制度を何といいますか。

パラリンピック	保健所	
天然痘《とう》	GDP	WHO（世界保健機関）
スペイン風邪《かぜ》	テレワーク（リモートワーク）	パンデミック
岸《きし》田《だ》文《ふみ》雄《お》	IOC	知事（都道府県知事）
465人	（ピエール・ド・）クーベルタン	（エドワード・）ジェンナー
（満）25歳《さい》以上	ピクトグラム	密集《みっしゅう》・密接《みっせつ》・密閉《みっぺい》
期日前投票	難民《なんみん》選手団	公衆《こうしゅう》衛生

同じ得票数でも選挙区によって選挙結果が異《こと》なる問題を何といいますか。

2022年4月から成年年齢《ねんれい》は何歳《なんさい》になりますか。

2022年4月の成年年齢変更《ねんれいへんこう》後も20歳《さい》まで認《みと》められないものとしてまちがっているものを、記号で答えなさい。**ア** タバコを吸《す》うこと　**イ** クレジットカードをつくること　**ウ** お酒を飲むこと

明治時代に定められた、財産や家族に関する法《ほう》律《りつ》を何といいますか。

第1審《しん》の裁判《さいばん》の判決に納得《なっとく》がいかず、第2審の裁判所に訴《うった》えることを何といいますか。

東日本大震災《だいしんさい》で津波《つなみ》による被害《ひがい》を受けた漁港が多く見られる、東北地方に位置するリアス海岸を何といいますか。

西日本の太平洋側の沖合約100kmの海底にある、延長《えんちょう》約700kmの溝《みぞ》を何といいますか。

広島に原子爆弾《ばくだん》が投下された年月日を答えなさい。

広島·長崎において原子爆弾《ばくだん》投下後に降《ふ》った「黒い雨」に含《ふく》まれる、被《ひ》ばくの原因となるものは何ですか。

2021年9月に誕生《たんじょう》した、行政のIT化を進めるための中央省庁《しょうちょう》を何といいますか。

1972年の出来事としてまちがっているものを次から選び、記号で答えなさい。
ア 日中国交正常化　**イ** 札幌《さっぽろ》オリンピック
ウ 大阪万博《ばんぱく》　**エ** 沖縄返還《へんかん》

沖縄県宜野湾《ぎのわん》市にあり、「世界一危険《きけん》な基地」ともよばれているアメリカ軍基地の名前を答えなさい。

かつてビルなどの建築工事で用いられ、肺《はい》がんなどの健康被害《ひがい》をもたらした、天然の鉱石が繊《せん》維状《いじょう》になった物質を何といいますか。

世界遺産《いさん》・無形文化遺産などの登録を行う国際連合の専門《せんもん》機関を答えなさい。

2021年に登録された世界自然遺産《いさん》に含《ふく》まれる島としてまちがっているものを次から選び、記号で答えなさい。　**ア** 与那国島《よなぐにじま》　**イ** 西表島《いりおもてじま》
ウ 奄美大島《あまみおおしま》　**エ** 徳之島《とくのしま》

「北海道・北東北の縄文遺跡《じょうもんいせき》群」に含《ふく》まれ、青森県に位置する約5900～4200年前に栄えた遺跡を何といいますか。

SDGs《エスディージーズ》とは「国連（　　　）な開発目標」の略《りゃく》称《しょう》です。（　　　）にあてはまる語句を漢字4字で答えなさい。

社会的・文化的な男女の違《ちが》い（性別）を何といいますか。

「環《かん》太平洋パートナーシップに関する包括《ほうかつ》的及《およ》び先進的な協定」の略称《りゃくしょう》を答えなさい。

R《アール》CEP《セップ》（地域《ちいき》的な包括《ほうかつ》的経済連携《けいざいれんけい》協定）参加国の1つで、日本の最大の貿易相手国はどこですか。

通学や仕事をしながら、身内の介護《かいご》や家事を行う18歳《さい》未満の人々を何といいますか。

ア	1945年8月6日	1票の格差
三内《さんない》丸山遺跡《いせき》	放射性《ほうしゃせい》物質	18歳《さい》
持続可能	デジタル庁《ちょう》	イ
ジェンダー	ウ	民法
TPP11	普天間《ふてんま》飛行場 （普天間基地）	控訴《こうそ》
中国	石綿《いしわた》（アスベスト）	三陸《さんりく》海岸
ヤングケアラー	ユネスコ （UNESCO・国際連合教育科学文化機関）	南海《なんかい》トラフ

2020年の出生数にもっとも近いものを次から選び、記号で答えなさい。　**ア** 34万人　**イ** 84万人　**ウ** 134万人　**エ** 184万人

2021年6月に発表された性能ランキングにおいて、計算速度などで1位になった日本のスーパーコンピューターの名称《めいしょう》を答えなさい。

電子マネーやクレジットカードなどの現金以外でお金を支払《しはら》うことを何といいますか。

人工知能の略称《りゃくしょう》をアルファベット2字で答えなさい。

2024年より新たに1万円札の肖像《しょうぞう》に採用される、「日本資本主義の父」とよばれる人物はだれですか。

2024年より新たに5000円札の肖像《しょうぞう》に採用される、幼少《ようしょう》時にアメリカへ留学し、後に女子英学塾《じゅく》を創立《そうりつ》するなど、日本の女子教育に貢献《こうけん》した人物はだれですか。

紙幣《しへい》の発行などを行う、日本の中央銀行を何といいますか。

破傷風菌《はしょうふうきん》の純粋培養《じゅんすいばいよう》に成功し、その治療《ちりょう》法やペスト菌を発見した、2024年に発行予定の新1000円札の肖像《しょうぞう》に選ばれた人物はだれですか。

2022年秋に、長崎・武雄温泉《たけおおんせん》間で開業が予定されている新幹線を何といいますか。

現在のアメリカの大統領はだれですか。

バイデン大統領が復帰を表明した、2015年のCOP21《コップ》で結ばれた地球温暖化《おんだんか》に関する協定を何といいますか。

現在の中国の国家主席はだれですか。

1997年にイギリスから返還《へんかん》された後は中国に属するものの、中国本土と異《こと》なる政治・経済《けいざい》体制をとっている地域《ちいき》はどこですか。

中国の新疆《しんきょう》ウイグル自治区や中央アジアに居住するウイグル族が主に信仰《しんこう》している宗教《しゅうきょう》は何ですか。

2021年にアウン・サン・スー・チー氏が拘束《こうそく》され、軍事政権《せいけん》が復活した国はどこですか。

2011年以降《いこう》内戦状態が続く、アラブの国はどこですか。

難民《なんみん》の保護・救済《きゅうさい》などを行う、国際連合難民高等弁務官事務所の略称《りゃくしょう》をアルファベットで答えなさい。

現在の国際連合の事務総長はだれですか。

核《かく》兵器禁止条約の前文に明記された、核兵器の被害者《ひがいしゃ》を表す日本語をカタカナで答えなさい。

核《かく》兵器禁止条約の採択《さいたく》に向けて尽力《じんりょく》したICAN《アイキャン》などがあてはまる、非政府組織の略称《りゃくしょう》をアルファベットで答えなさい。

エジプトに位置する地中海と紅海《こうかい》を結ぶ人工の海面水路を何といいますか。

ミャンマー	北里柴三郎《きたさとしばさぶろう》	イ
シリア	西九州新幹線《しんかんせん》	富岳《ふがく》
UNHCR	ジョー・バイデン	キャッシュレス決済《けっさい》
アントニオ・グテ（ー）レス	パリ協定	AI
ヒバクシャ	習近平《しゅうきんぺい》《シージンピン》	渋沢《しぶさわ》栄一
NGO	香港《ホンコン》	津田《つだ》梅子
スエズ運河	イスラム教	日本銀行

2001年の同時多発（　　）を受け、アメリカは「(　　）との戦い」を表明しました。(　　）に共通してあてはまる言葉を答えなさい。

2021年にタリバンが政権《せいけん》をにぎり、駐留《ちゅうりゅう》していたアメリカ軍が撤退《てったい》した国はどこですか。

2022年に冬季オリンピックが開催《かいさい》される予定の都市はどこですか。

避難《ひなん》指示や緊急《きんきゅう》安全確保を発令する役職を次から選び、記号で答えなさい。
ア 気象庁《きしょうちょう》長官　**イ** 市（区）町村長
ウ 防衛大臣　**エ** 内閣《ないかく》総理大臣

次々と発生する発達した積乱雲《せきらんうん》が、列をなしたように連なり、数時間にわたってほぼ同じ場所を通過、またはとどまることでつくりだされる、強い降水《こうすい》をともなう雨域《ういき》を何といいますか。

自然災害による被害《ひがい》を予測し、その被害の範囲《はんい》や程度、避難《ひなん》経路や避難場所などを記した地図を何といいますか。

自然災害伝承碑《でんしょうひ》の地図記号を次から選び、記号で答えなさい。　**ア** 　**イ** 　**ウ** 　**エ** 

二酸化炭素をはじめとした、地球温暖《おんだん》化の原因物質を何といいますか。

温室効果ガスの排出《はいしゅつ》量と吸収《きゅうしゅう》量が釣《つ》り合った状態を何といいますか。

プラスチックの原料である、石油を精製してつくられるものは何ですか。

太陽光発電などの、一度利用しても短期間で再生でき、資源《しげん》がなくならないエネルギーを何といいますか。

ゲノム編集は、(　　　）の配列に突然変異《とつぜんへんい》を起こして品種改良を行います。(　　　）にあてはまる言葉をアルファベット３字で答えなさい。

2019年に「はやぶさ2」が着陸に成功した小惑星《わくせい》の名前を答えなさい。

宇宙《うちゅう》航空研究開発機構の略称《りゃくしょう》をアルファベットで答えなさい。

北方領土に含《ふく》まれる、日本最北端《さいほくたん》の島の名前を答えなさい。

2021年5月に、中国の無人探査《たんさ》機が到着《とうちゃく》した星はどこですか。

日本で初めてノーベル賞を受賞した人物はだれですか。

平和賞を除《のぞ》いた「ノーベル賞」の授賞式が行われる都市はどこですか。

「気候変動に関する政府間パネル」の略称《りゃくしょう》をアルファベットで答えなさい。

中国などの地域《ちいき》から、春に飛散して地上に降《ふ》り注《そそ》ぐ砂《すな》を何といいますか。

最高気温35℃以上の日を何といいますか。

択捉島《えとろふとう》	温室効果ガス	テロ
火星	カーボンニュートラル	アフガニスタン
湯川秀《ひで》樹《き》	ナフサ	北京《ペキン》
ストックホルム	再生可能エネルギー	イ
IPCC	DNA	線状降水《こうすい》帯
黄《こう》砂《さ》	リュウグウ	ハザードマップ
猛暑日《もうしょび》	JAXA《ジャクサ》	ア